JN294359

東アジア平和共同体の構築と宗教の役割

「IPCR国際セミナー2011」からの提言

世界宗教者平和会議日本委員会 編
山本俊正 監修

アーユスの森新書
006

はじめに

世界宗教者平和会議（ＷＣＲＰ）日本委員会評議員
関西学院大学教授
山本俊正

二一世紀に入り一〇年以上が過ぎた今日、東アジアは、世界で最も高い経済成長を達成し、域内の経済は相互に強く結びついている。東アジアはお互いをかけがえのない経済のパートナーとしている。しかし、他方では、近代以来の歴史的経緯から深刻な分断が続き、冷戦状況が残る中、相互信頼は非常に弱い。朝鮮民主主義人民共和国（以降、北朝鮮）と日本の国交は正常化されておらず、南北朝鮮の統一は進展していない。北朝鮮と米国の対立も東アジアに大きな負の影を落としている。また、中国と台湾の間の緊張関係（両岸問題）のみならず、過去の歴史認識の相違に起因するお互いの対立感情は、各国のナショナリズムを刺激し、時として平和共同体の構築を困難にする事象として眼前に噴出する（竹島、尖閣諸島、延坪島砲撃事件、等）。

一九九〇年代から世界を席巻した新自由主義に基づく経済のグローバル化は、東アジアにおいても、そのマイナス面として、各国内における貧富の格差の拡大とその固定化をもたらしている。また、経済発展に伴う資源やエネルギー、食糧や水の確保という課題、地球規模の温暖化、原発事故による環境汚染など、新たな紛争の要因ともなりうる火種を抱えている。

これらの東アジアの平和を脅かす要素を克服していくには、どのような方策があるのだろうか。私たちは各国政府の専門家に課題を丸投げし、自らは、個人として国家の受益者か被害者として運命に身を任せるだけでよいのだろうか。「東アジア平和共同体」の構築に向けて、宗教者には何ができるのだろうか、またその役割とは何だろうか。国家単位を超えた主体による平和共同体の実現可能性はあるのだろうか。勿論、「東アジア平和共同体」の構築には、国家間の対話と協力が不可欠である。しかし、同時に国家以外の主体、すなわち自治体や、市民社会、NGO、宗教者等による協力及び信頼醸成への働きが、平和共同体の実現のために、決定的に重要な時が来ている。

二〇一一年九月一五日から一七日まで、韓国・ソウル市内にあるオリンピックパークテルを会場にして、韓国宗教平和国際事業団（International Peace Corps of Religions＝IPCR）主催による、第二回国際セミナーが開催された。韓国文化体育観光省、アジア宗教者平和会議（ACRP）、韓国宗教人平和会議（KCRP）が後援した。主題は「東アジアにおける平和共同体の樹立と宗教の役割」であった。日本、中国、韓国の宗教者、学者、市民団体代表など約四〇人が参加した。

この国際セミナーは、東アジア平和共同体の構築に向けて、私たち、特に宗教者が直面する様々な課題と具体的な方策を討議することを目的として、昨年に続いて実施された。東アジア諸国が過去の戦争によって惹き起こされた歴史の傷をいかに癒し、未来をいかに切り開いていくか、東アジア平和共同体の構築のための現実的課題は何か、東アジアの平和と東アジア共同体における宗教の役割に焦点が当てられ、議論が展開された。セミナーは上記の主題をめぐって、基調講演に続き、①韓国からの視点、②日本からの視点、③中国からの視点、の三つのセッションから構成され、それぞれのセッションにおいて、基調発題がなされた。各セッションではこの基調発題に対して、日・韓・中、複数の参加者が応答発表をし、基調発題と応答発表に基づいて活発な討議が行なわれた。最後の全体会議では、今後のセミナーの進め方について討議され、各議論、提案の具体化、次回セミナーに対する期待等が表明された。また、今回のセミナーでは、東日本大震災の特別報告がなされ、東アジア平和共同体の構築に向けて、自然災害への取り組みについても議論が加えられた（詳細はそれぞれの発題報告を参照）。

以下はセミナーの概要及び各発表者の論題である。

第一日目（九月一五日）、参加者の登録と受付の手続を経た後、主催者による歓迎夕食会が開催された。歓迎レセプションでは、KCRP代表会長でIPCR理事長の金喜中大司教が開会の挨拶をし、本セミナーが日・中・韓の相互理解と友情を深める機会になることへの期待が述べられた。次に、庭野日鑛世界宗教者平和会議（WCRP）日本委員会理事長のメッセージが、眞田芳憲WCRP日本委員会平和研究所所長によって代読された。続いて、主催者側を代表して、IPCR所長でACRP事務総長でもあり、かつ韓国国会議員である金星坤博士より挨拶がなされた。

第二日目（九月一六日）、開会式の後、全体会議において眞田芳憲所長より「東アジア共同体の構築と宗教者の役割」と題する基調講演が行なわれた。それに続いて、第一セッションが次のような形で進められた（敬称略）。

第一セッション「東アジア平和共同体の樹立――韓国からの視点」

コーディネーター　朴光洙（韓国）

基調発題

　金永完（韓国）「東アジア共同体と協力的な国際平和教育レジーム」

応答発表

　李相俊（韓国）「「東アジア共同体と協力的な国際平和教育レジーム」に対する討論」

樋口美作（日本）「東アジアにおける平和共同体の樹立と宗教者の役割」
陳景善（中国）「東アジア共同体の構築と宗教の影響——中国の視点より」

第二セッション「東アジア平和共同体の樹立——日本からの視点」

コーディネーター　眞田芳憲（日本）

基調発題

山本俊正（日本）「東アジアにおける平和共同体の樹立と宗教の役割」

応答発表

石川清哲（日本）「東アジアの平和構築における青年宗教者の役割」
白承権（韓国）「東アジア平和共同体の樹立と宗教の役割（討論文）」
于瑩（中国）「「アジア共同体」の構築と宗教の影響」
陳晟秀（韓国）「山本俊正教授の発表文「東アジアにおける平和共同体の樹立と宗教の役割」を読んで」

特別報告（スペシャル・レポート）

柳浄拮（韓国）「アジアの平和のために——「三・一一 東日本大震災」は何を意味するのか」

第三日目（九月一七日）

第三セッション「東アジア平和共同体の樹立——中国からの視点」
コーディネーター　卞鎭興（韓国）
基調発題
張継禹（中国）「歴史を直視し、平和を構築せよ」
応答発表
王良学（中国）口頭による発表
金道公（韓国）「張継禹「歴史の直視と平和の構築」を読んで」
根本昌廣（日本）「東アジア共同体の構築と宗教者の役割——多様性の尊重に基づく共生アイデンティティの構築」
呉文煥（韓国）「東アジア平和のための天道教の立場」
全体会議・閉会式
金鍾洙（韓国）「平和的な歴史認識の共有と宗教者のアジェンダ」
全相直（韓国）「東アジア平和共同体の樹立と宗教者の役割」
討議　今後の進め方についての討議
①共通の平和倫理宣言の作成
②平和教育センターによる相互理解の促進

③東日本大震災への取り組み

以上。

本書は、この国際セミナーにおける基調講演及び各セッションでの発表・報告を時系列に整え、編集したものである。なお、口頭による発表のみで報告書を提出されなかった方の文章は掲載されていない。各セッションでの討議、全体会議では、参加者の提出した論文、報告に対して多くの意見、提案が寄せられ、実りある議論が展開された。

紙面の制約があるため、ほんの一部であるが、以下に監修者の印象に残った発言内容を紹介し、議論が持つ意味について主観的に短く解説を試みたい。

第一は、日・韓・中における歴史認識と謝罪の問題が討議の中で数度にわたり議論されたことである。韓国の参加者より、セミナー参加の日本人参加者から過去の戦争責任に対して、様々な形で謝罪が表明されたことに感謝しつつも、中国や韓国は日本政府の公的な謝罪を期待していることが指摘された。これまでも、日韓首脳会談やアジアで行なわれる経済サミットなどで、日本の首相が口頭で謝罪を表明してはいるが、日本政府の公的な謝罪としては充分とは言えない。本来の公的謝罪であれば、やはりそれは国会決議をすることなどが必要であろう。

また、キリスト教的に、いや宗教的に考えるならば、謝罪とはただ謝ることにとどまらない。謝罪が謝罪を受容する側に赦してもらうためには、謝罪する側が悔い改める必要がある。悔い改めるとは、その主体が百八十度の方向転換をすることである。例えば人種差別をしていた人が悔い改めるということは、それまで人種差別をしていたことをただ謝るだけではなく、今後、人種差別がない社会を作り出す働きに身を投じていくことが求められる。謝罪への赦しは悔い改めが前提となる。

日本政府の「慰安婦」問題への対応を例にとるならば、現在も、ソウルの日本大使館前では、元日本軍「慰安婦」ハルモニ（おばあさん）たちによって、日本政府に謝罪と補償を求める「水曜デモ」が一九九二年の一月から毎週、水曜日に行なわれている。二〇一一年一二月一四日、集会が通算一〇〇〇回を迎えたことを記念して、「歴史を忘れないため」にと、日本大使館そばに、元慰安婦の少女時代を題材にした記念碑が設置された。韓国政府に登録した元慰安婦は二三四人おり、二〇一一年に一六人が亡くなり、生存者は六三人になっている（二〇一一年一二月現在）。平壌から中国の戦地に一三歳の時に連れて行かれたという元慰安婦の吉元玉《キルウォノク》さん（八三歳）は、「日本政府は、間違ったことをしたと認め、きちんと謝ってほしい」と訴えている（『朝日新聞』二〇一一年一二月一四日夕刊）。

日本政府は、慰安婦問題に関して、一貫して一九六五年の日韓国交正常化時に結んだ請求権協定で「解決済み」としている。また、設置された記念碑に関しても「憂慮」を伝え、今後、韓国政府に撤去を申し入れていくとしている。韓国や中国から口頭の談話による謝罪ではなく、日本政府の公的な謝罪、人道的な謝罪を求める声に対して、日本政府は応答する責任があるのではないだろうか。宗教には個人レベルだけではなく、共同体としての加害の歴史を想起させる役割がある。日本政府の応答責任は宗教者の応答責任でもあるだろう。

またこの謝罪に関連して、韓国の参加者より以下のような発言もなされた。

「日本の参加者が謝罪してくださるのを見て、私は自分に問いかけました。我々はヴェトナム戦争に行って、数多くの国民を殺さなかったんだろうか、と」

「ヴェトナムの人が韓国の人に謝罪を要求したでしょうか。謝罪をしなかったですし、いろいろな虐殺の現場を韓国の人は回ったでしょうか」

相手を責めることよりも、自らの内を見つめ、内省する宗教者としての発言に感銘を受けた。

第二は、東日本大震災をめぐる津波、原発事故という複合災害が日本だけの問題ではなく、東アジア平和共同体の問題として議論されたことであった。本セミナーでの東日本大震災に関する特別報告は、東アジア各国からの支援の現状が報告され、震災を日本社会の転換点としてとらえる卓越したレポートであった。

また、報告には震災や原発事故を日本の視点から紹介すると同時に、アジアの視点から今後の具体的な行動計画案が盛り込まれていた。この報告で指摘されているように、東日本大震災の被災者のために、世界各国、特にアジアの国々から多額の義援金が送られ、救助隊の派遣など人道的支援が行なわれた。「韓国は震災翌日の三月一二日、真っ先に一〇二人の救助隊を派遣して活動、シンガポール、ドイツ、スイス、アメリカ、中国の順で次々に救助隊を派遣した。また中国は、五回にわたって一二人用テント、毛布、飲み物、仮設トイレ、運動靴、ガソリン、ディーゼル油（軽油）などを送」ったと紹介されている。その上で、「普通、人間は憎しみの心で誰かを支援することはできない。助けようと思うときにはすでに慈悲憐愍の心を持っているのであり、助けようとする心が生まれた瞬間に憎しみは消え、愛の心を持つようになるのだ」と報告者は発言している。

東アジア平和共同体が震災を契機にアジアの隣人たちによって共に分かち合い、助け合うことを通して実現していることを伝えている。東アジア平和共同体の構築が夢物語の幻想ではないことを示唆していた。震災という体験を通してお互いが、過去の憎しみや葛藤を超えて、アジアという地域共同体に共に生きる隣人であることを確認した瞬間であった。

さらに、原発事故の問題に関しても、福島での原発事故が日本一国の問題ではなく、東アジア共同体の問題であることが強調された。「福島に端を発した原子力発電所の事故は国を超えて汚染水が流れ、空気が放射能によって汚染される。そういう状況の中で国家がどういう意味を持つでしょうか」という疑問が提示された。「こういう状況の中で、宗教者は原子力発電所の危険性、間違った点を正直に告発すべきです。他に、これを誰がやるでしょうか。宗教者は真摯に伝えなければなりません」という発言が続いた。「原子力発電所を作れば、数十万年の間、核廃棄物を処理しなければならない。それは全然経済的ではありません。処理する期間を考えるとネアンデルタール人と私たちが出会うくらいの歴史の期間が必要です」。宗教者は経済の利便性や近代合理主義の産物をもう一度、世代間の倫理的な課題として問い直す必要がある。

福島での原発事故は明らかに人災であり、原発の安全神話の崩壊と同時に、これまでの近代合理主義による精神形成に大きな破れが生じた出来事だった。そしてこの近代合理主義の破れは、私たちに伝統的な共同体から受け継がれてきた大切な価値や宗教的な倫理を問い直す契機となっている。共同体において、人間が神または自然、人間を超えたものによって「いのち」が与えられ、自分と共生している様々な「いのち」に畏敬の念を持ちながら、毎日食べ、息をしていることが共有されてきた。人は自然の循環の中に、生きとし生きる者と共に生きている。原発事故から宗教者は世代を超えた生命畏敬の倫理を問われている。

第三に、各発表、討議、全体会議を通して、東アジア平和共同体の実現のために、宗教者としてなすべき具体的な行動計画（アクション・プラン）が提案され、議論されたことである。

全体会議で、多くの参加者によって共有された提案を思いつくままに、順不同で列挙するだけでも以下の六項目にまとめられる。
一、アジアの平和共同体における普遍的な共通の倫理を創出する。
二、東アジアの四カ国、韓国、北朝鮮、中国、日本で多宗教団の巡礼団を構成し、戦争の犠牲地域を巡礼する。巡礼訪問により過去の歴史を追体験する。
三、東アジアの未来を担う青年宗教者が定期的に出会い、交流ができる場を設定する。
四、平和教育のためのネットワークを形成、拡大し、東アジア地域に住む若者への平和教育を推進する。
五、朝鮮半島の非武装地帯（DMZ = demilitarized zone）に国連大学を設立する。
六、日本の震災復興を支援するためのアジア宗教青年・平和実践団を組織し、ボランティア支援活動を実践する。
　これらの具体的な提案の他にも、各国参加者独自の経験、体験に根差した具体案が提出された。アジアの多様性、多文化、多宗教を反映した思考実験、ユニークな発想、ブレーンストーミング（集団思考）的な発想から紡ぎ出された知的集積の共有が、セミナーの貴重な財産であることは間違いない。今後の課題としては、これらの具体案を参加各国及び宗教団体に持ち帰り、これらの提案が各団体における既存のプログラムとどのように整合性を持つのかを検討する作業が必要である。また、提案された実現可能なヴィジョンやプログラムをどのように具体化し、次のステップに繋げるかを、他団体との協同で模索することも大切である。

さらに、前回の国際セミナーでも議論され、提案された、北朝鮮からの参加者をセミナーへ招聘することが、依然宿題として残されている。今回のセミナーでも東アジアの平和共同体の構築の議論に、北朝鮮の代表が参加することの意義と重要性が再三指摘されたことを強調しておきたい。

本書の公刊に先立って、二〇一〇年、八月二四日～二七日に開催された「東アジア平和共同体の構築と国際社会の役割」を統一テーマとする、「第一回ＩＰＣＲ国際セミナー」の貴重な報告と議論が、眞田芳憲所長の監修により本「アーユスの森新書」の一冊として二〇一一年に出版されている。それに続く本書は「第二回ＩＰＣＲ国際セミナー」に基づく二冊目の刊行本となる。ＩＰＣＲ国際セミナーは韓・中・日の宗教者、識者が集い、過去二年間にわたり韓国で開催されているが、その書籍化は日本が他国に先駆けて行なっている。眞田所長をはじめとする一冊目の刊行を実現させた関係者のヴィジョンと尽力がなければ、第二冊目の本書の刊行には至らなかったであろう。

冒頭でも触れたように、東アジアの国々は経済的には強く結びついている一方で、近代以来の歴史的経緯から深刻な分断が続き、冷戦状況が残る中、相互信頼は非常に弱い。特に、この過去の歴史的経緯には、日本が軍国主義国家として深い爪痕を残している。国家と国家の関係は太い「実線」として、韓・中・日の過去・現在・未来の関係を規定する。しかし同時に、国家の枠組みを超えたＮＧＯ、市民団体、宗教者の関係は、細い「点線」であっても、それが継続され、蓄積されることによって、重要な役割を果すことができる。第一回、二回のセミナーに参加した私もそのことに気づかされ、確信した一人であった。今回、本書の監修の責任をお引き受けしたのは、東アジアの平和の構築にとって、私たちのこの「点線」の活動を記録し、記憶することが決定的に重要であると感じたからに他ならない。本書を通して、各国からの参加者の発表、議論、そして出会いの大切さを、多くの読者と共有できればと心から願っている。

本書の公刊にあたっては、実に多くの方々のご協力とご支援をいただいた。

第一に、金星坤博士のご理解とご支援をいただき、昨年同様、著作権にかかわる問題を解決することができた。金博士のご尽力に重ねて謝意を表したい。また、本書出版の企画について交渉の労をとり、出版業務の遂行に万全の態勢を整えてくれたＷＣＲＰ日本委員会事務次長畠山友利氏、同じく渉外部長の和田めぐみ氏には、その多大な努力に心より感謝したい。

第二に、参加者の報告原稿の翻訳について、韓国語及び中国語から日本語への翻訳作業を一手に引き受け、スーパーマン的貢献をされた中国山東大学副教授の金永完氏に、心から敬意を表し、感謝を申し上げたい。金永完教授の献身的でスピード感のある正確な翻訳作業がなければ、本書がこのタイミングで刊行されることはなかったであろう。なお、邦訳された原稿については、最終的に監修者が目を通し、日本語としての正確さや的確さを検討・精査した。翻訳についての責任は監修者である私にあることをここに明記しておく。

最後に、翻訳原稿及び全体の原稿の校正、編集、校閲に際して、中央学術研究所学術研究室室長の藤田浩一郎氏、ならびに佼成出版社出版開発編集の編集長平本享也氏および大室英暁氏に数々のご協力とご教示をいただいた。心からお礼を申し上げ、感謝の意を表したい。

二〇一二年四月

東アジア平和共同体の構築と宗教の役割——目次

第三セッション　東アジア平和共同体の樹立——中国からの視点

全体会議への論評

歓迎の辞

韓国宗教人平和会議（ＫＣＲＰ）代表会長
韓国宗教平和国際事業団（ＩＰＣＲ）理事長
金　喜中

この度は、「東北アジア平和共同体の樹立と宗教者の役割」というタイトルの下に開催されましたＩＰＣＲ国際セミナーにご参加くださいました皆様に、心から感謝と歓迎のご挨拶を申し上げます。

特に、本日の発表のために遠く外国からご参加くださいました世界宗教者平和会議日本委員会ならびに中国宗教者和平委員会の代表の皆様に、心から深くお礼を申し上げます。

東北アジアの日本、中国、韓国は、経済発展において全世界の心臓とも言えるような役割を果たしており、世界の注目を浴びています。

さらに、この三カ国は、長い歴史を通じて多様な交流と文化を共有してきたにもかかわらず、相互に多くの傷と痛みを抱えあっている関係にもあります。

したがいまして、東北アジアの平和は、全世界の平和と深い関係にあるということができます。

日中韓の三カ国の宗教者が、東北アジアの平和の問題をめぐって互いに意見を交わし、今回の活動を通じて東北アジア共同体の樹立に向かって進んでいけば、この地域の平和や人類の平和に大きく貢献できると思います。

私たちは、韓国宗教人平和会議の代表の者として、朝鮮半島の平和が東北アジアの平和へとつながるポイントになると考えています。

このような朝鮮半島の平和の問題に対する韓国宗教指導者の関心と役割を見出すために、韓国の七大宗教団体の宗教指導者たちは、今月にも北朝鮮を訪問し、朝鮮半島における和解と緊張緩和、ならびに平和のための活動を行なってまいります。

本日、この場に参加して頂きました日中韓の宗教者ならびに学者の皆様も、朝鮮半島における平和の定着こそ、東北アジアの平和のための最も重要な課題であると考えておられると思います。このIPCR国際セミナーが、朝鮮半島の平和のために多くの役割を果たせるよう、ご声援とご関心を寄せて下さればと思う次第であります。

この度は、遠くから韓国をご訪問くださいました日本、中国の宗教者及び学者の皆様に、再び深くお礼を申し上げます。

今回のセミナーを通じて、東北アジアの平和と世界の平和に大きく貢献できますよう、ご祈願申し上げます。

ご清聴ありがとうございました。

（翻訳・金永完）

IPCR（韓国宗教平和国際事業団）セミナー　メッセージ

世界宗教者平和会議（WCRP）日本委員会
理事長　庭野日鑛

このたび、「東アジア平和共同体の樹立と宗教の役割」という意義の深いテーマでのセミナーを開催されましたIPCR（韓国宗教平和国際事業団）のご関係の皆様方に敬意を表します。また、WCRP（世界宗教者平和会議）日本委員会をご招待下さり、厚く感謝申し上げます。

二〇世紀は、「戦争の世紀」と呼ばれました。人間同士の怨みや憎しみが、新たな怨みや憎しみを生み出し、多くのいのちが奪われました。私たち二一世紀を生きる宗教者には、そうした敵意や怨み憎しみを乗り越えて、過去の過ちを繰り返さないようアジア、また世界の人びとの「和」の精神をはぐくみ、明るい二二世紀へと結びつけていく使命があると申せましょう。その使命を果たす上で、今回のセミナーにおいて、東アジアという悠久の歴史の中で深いかかわりのある地域における平和のために、宗教者の役割について話し合い、お互いの交流を深めることは大きな価値があると思います。

ＷＣＲＰ日本委員会と致しましても、アジアの一員という「縁」をかみしめるとき、韓国、中国そして北朝鮮といった近隣諸国の宗教者をはじめとする各界の方々との交流を通して、お互いの理解を深め、東アジアの平和・調和に関わっていく重要な役割を担っていると思います。

ＷＣＲＰは、諸宗教間の対話と平和のために協力をするために一九七〇年に設立され、昨年四〇周年を迎えました。諸宗教間の対話・協力について、かつては、「夢にすぎない」「宗教者を集めたからといって世界が動くわけではない」といった疑問の声も上がったと聞いておりました。しかし、ＷＣＲＰの先達は、そうした声に謙虚に耳を傾けつつも、自らの信念、確信を揺るがせることなく、世界に類を見ない規模の活動体に導いてきました。そしていま、諸宗教間の対話・協力は、国際的に最も重要かつ現実的なテーマの一つとなっております。東アジアの平和・調和を実現するためには、多くの難しい課題があり、「平和共同体の樹立」は、夢物語との声もあるでしょう。しかし、先達を見習い、私たちも皆様方とともに、地道に経験を重ね、新たな東アジアの歴史を刻んでまいりたいと思います。

今回のセミナーが、東アジアにおける平和・調和のための灯となりますことを念願しております。

祝辞　東アジア平和共同体の構築と宗教の役割

アジア宗教者平和会議（ＡＣＲＰ）事務総長
韓国宗教平和国際事業団（ＩＰＣＲ）所長
金　星坤

ＩＰＣＲ国際セミナーは、二〇〇九年から毎年このオリンピックパークテルで開催されている。これについて、心からお祝いを申し上げる。またこのセミナーを主催して下さった金喜中ＩＰＣＲ理事長兼会長及び基調演説をして下さった眞田芳憲先生及び各セッションにおける発表者並びにパネリスト及びすべての参加者に、感謝を申し上げる。

ＩＰＣＲでは、二〇〇九年には「平和教育と宗教の役割」という問題についてセミナーを開催し、二〇一〇年には「東アジア平和共同体の構築と国際社会の役割」という問題をめぐってセミナーを行なった。今年は「東アジア平和共同体の構築と宗教の役割」という問題について、セミナーを開催する運びとなった。昨年、私は、「東アジア平和共同体の構築」のための一連のセミナーを、韓・中・日三国が代わる代わる開催することを（韓・中・日三国によって代わる代わる開催されるよう）提案したが、今年は東日本大震災などにより都合がつかず、今回も韓国で開催されることになった。来年は、中国か日本、あるいは北朝鮮で開催されることを希望する。

世界のすべての地域は、その地域内の構成国の間で様々な摩擦を経験しながらも、他方においては、政治的、経済的共同体を構築するために様々な努力を傾けている。現代の歴史において最も成功した地域共同体は、一九九三年一一月に出帆した「ヨーロッパ連合」（European Union：EU）であろう。ヨーロッパ連合の所属諸国は、第一次・第二次世界大戦という極めて悲惨な戦争を経験したにもかかわらず、一つの政治・経済共同体の構築に成功した背景には、キリスト教の霊性が大きく作用したという。特に、シューマン（Robert Schuman）フランス外相、アデナウアー（Konrad Adenauer）西ドイツ首相と共にヨーロッパ共同体の父と言われるイタリアのガスペーリ（Alcide De Gasperi）首相は、フォコラーレ運動（Focolare）の「一致の霊性」から深い感銘を受けたと言われる。また、この運動の影響で、フランス、ドイツ、ポーランドは、歴史の教科書を共同執筆し、過去における宿敵関係を清算し、兄弟姉妹の関係を回復したという。宗教は、時には共同体の中において摩擦を引き起こす原因を提供する場合もあるが、上記の場合は、国家間の平和共同体の成立において、プラスの役割を果たした歴史の良い例である。

東北アジア、特に中国、日本、北朝鮮並びに韓国は、過去の歴史から残された問題により対立している。また今日においても、領土をめぐる紛争やイデオロギーの対立で摩擦しつつある。東北アジアも、いつかは、EUのように、互いに過去を許し合い、一つの政治・経済共同体を構築する日が到来するであろう。そしてこの地域の宗教は、それを可能にするために、果たしてどのような役割を果たすことができるであろうか。これが、今回のセミナーの主題である。

この地域の宗教は、北朝鮮の核問題、日本の教科書問題、独島―竹島及び尖閣―釣魚島をめぐる領土問題について、良心を懸けて平和的な代案（政治的紛争解決に代わる案）を提示しなければならない。政治指導者間の摩擦を、宗教者はなぜ傍観してばかりいるのか？　宗教者は、特定の国家の利益のためではなく、真の意味における普遍的な兄弟姉妹愛の立場に立って、人類の平和のための代案を提示しなければならない。そして、今世紀最大の災難である「三・一一」東日本大震災についても、何かを言わねばならない。戦争よりも一層厳しい自然災害が、人類の平和を脅かしている。この問題については、山本俊正先生と柳浄拮先生が言及して下さり、感謝を申し上げる。また、アジアの若者たちのために平和教育センターを設立すべく提案して下さった金永完博士並びに、過去の歴史を正直に見つめて、平和のために果たすべきアジアの宗教者の役割について強調して下さった張継禹師にも、感謝を申し上げる次第である。私は、今回のセミナーでは、「宗教者同士では、和合し仲良く過ごしましょう。われわれ宗教者たちは、この地域の平和のために努めましょう」といった漠然として抽象的な話よりも、より具体的な提案がなされることを希望する。

本セミナーは、二泊三日という短い期間で行なわれるが、互いに良い意見が交換され、有意義で楽しい時間となるよう念じている。最後に、このセミナーが開催できるように後援して下さった大韓民国文化観光部、GSカルテックス財団及び、実務のレベルで本会議のために様々な準備作業を行なって下さった卞鎮興教授並びに金泰成事務次長をはじめ、KCRPとIPCRのスタッフに感謝を申し上げる次第である。

（翻訳・金永完）

基調講演

東アジア共同体の構築と宗教者の役割

東アジア共同体の構築と宗教者の役割

眞田芳憲

一、はじめに

本年（二〇一一年）三月一一日、東日本は一〇〇〇年に一度と評される大地震と巨大津波に襲われた。大地震によって生じた東京電力福島第一原子力発電所の事故は、広島や長崎の原爆を上回る大量の放射性物質の放出を惹き起こし、わが国はもとより、韓国をはじめとする、東アジアの近隣諸国に大きな恐怖と不安を与えることになった。

私は、本日の基調講演を行なうにあたり、先ず、東日本大震災によって惹き起こされた悲劇的な惨害に対して世界宗教者平和会議（ＷＣＲＰ）日本委員会に寄せられた世界の宗教者の方々、とりわけ韓国、北朝鮮および中国の宗教者の方々の深い弔意と哀悼、そして想像を超える多大な救援に衷心より感謝を申し上げるものである。それと同時に、いまなお続いている福島第一原子力発電所事故による放射線の脅威は、わが国の事故対応の不手際もあって近隣諸国の人々に大きな不安を与えたことに、これまた衷心よりお詫びを申し上げねばならない。

福島原発による未曾有の事故によって、日本人は放射能汚染との戦いに、いま、叡智を結集して取り組んでいる。私たち日本人は、この事故を人類にとっての新たな教訓として真摯に受け止め、ここから学んだことを世界の人々や将来の世代に伝え、世界での再発防止に寄与していかねばならない。それこそが、私たち日本人の責務であり、世界の人々からの支援に対する報恩感謝の証しであり、その証しを地球への貢献をもって実践していかねばならないと、私は確信するものである。

二、戦争において最も嫌悪すべきものは

イスラームの聖典『クルアーン』に、次のような神の言葉が記されている。
「人びとよ、われわれは一人の男と一人の女からあなたがたを創り、種族と部族に分けた。これはあなたがたを互いに知り合うようにさせるためである。」(四九・一三)

神が人類をさまざまな種族と部族に分けたのは、人間を相争わせるためではない。それは、「互いに理解し合い、平和のために相互に補完し合い、助け合って平和の道を生きよ」という神の祝福であったのである。しかし人間は、傲慢にも神の御《み》心を理解せず、独善主義と利己主義に走り、神の道を踏みはずし、人々の間に対立と不和が生じ、争いを招くことになった。

一九二一年にノーベル文学賞を受賞したフランスの文学者アナトール・フランスは、「戦争

において最も嫌悪すべきものは、戦争によって生じる廃墟ではなく、戦時に現われる無知と愚かさである」と述べている。しかし人類は、第一次世界大戦から僅か二一年しか経過していない一九三九年、愚かにも、再び第二次世界大戦を惹き起こし、殺戮と破壊、暴力と略奪、そして憎悪と怨恨のみをもたらす野蛮な愚行を重ねた。

日本もその例外ではなかった。日本は、明治以降、近代化の歩みを速める中で韓国や中国、その他アジアの近隣諸国に対し侵略し、略奪し、植民地支配を強行し、アジアの人々に大きな犠牲を強いたのであった。私たち日本人は、過去に犯した歴史の傷をいかに清算し、犠牲になった人々の心をいかに癒し、希望と平和の未来をいかに切り開いていくか――私たちはその責務を負うている。

『ユネスコ憲章』の前文は、次の言葉で始まる。すなわち、「戦争は人の心の中で生まれるものであるから、人の心の中に平和のとりでを築かなければならない。相互の風習と生活を知らないことは、人類の歴史を通じて世界の諸人民の間に疑惑と不信をおこした共通の原因であり、この疑惑と不信のために、諸人民の不一致があまりにもしばしば戦争となった。……（中略）政府の政治的及び経済的取極のみに基く平和は、世界の諸人民の、一致した、しかも永続する誠実な支持を確保できる平和ではない。よって平和は、失われないためには、人類の知的及び精神的連帯の上に築かなければならない。」

しかし、私たちははたして、「心の中に平和のとりでを築」いてきたのであろうか。戦争の原因である「疑惑と不信」を除去するために「相互の風習と生活」を理解しようと努めてきたのであろうか。永続的な平和を確立するために、人々の間に「知的および精神的連帯」を築き上げてきたのであろうか。答えは、言うまでもなく「否」である。

三、東アジア共同体の構築への道

今日、朝鮮半島にはいまだ厳しい緊張と紛争が存在している。しかし、そうした国際環境の中にあって、東アジアの主要メンバーである日本・韓国・中国は、貿易や金融等の経済関係や環境保護、その他諸種の文化交流等の広範の分野で政府間レベルでの協力関係が強化されてきた。そして、その協力関係は日・中・韓の三国間に限られるものではなく、東南アジア諸国連合（ＡＳＥＡＮ）プラス３や東アジア首脳会議等を通して東アジア地域における多国間協力へと展開されている。しかし、平和や安全保障の領域では、東アジア地域のすべての国を包括する効果的な安全保障のシステムは、いまだ存在していない。

それにもかかわらず、冷戦終結後、安全保障の関係は漸次、改善されて、日本・韓国・中国の三カ国間の信頼醸成の措置が講じられてきた。しかし、これらの三カ国の間での猜疑心と不信感は、いまだ完全に払拭されるまでには至っていない。

二〇〇三年、朝鮮民主主義人民共和国（北朝鮮）の核問題の解決のために六カ国協議が始まった。これは、この地域における初めての包括的な多国間安全保障の枠組みを創り出すための努力であったが、いまだ成功を見るには至っていない。しかし、この協議はこの地域における安全保障共同体を構築するための重要な胎芽である。東アジア平和共同体構築への道が大きく開かれるか否かは、ひとえにこの協議の成功にかかっていると言っても過言ではない。

東アジア共同体の構築にとって、朝鮮半島の平和は必要条件である。南北朝鮮の紛争関係が依然として未解決の状況の下では、東アジア共同体の構築は不可能である。朝鮮半島における平和体制を創出するためには、先ず第一に、南北朝鮮の首脳会談を含む高官レベルの会談が定期的に行なわれなければならない。第二に、米国と北朝鮮の間で、北朝鮮の核をめぐる問題が解決され、米国・北朝鮮間に、そして日本・北朝鮮間に国交が樹立されなければならない。第三に、韓国、北朝鮮、米国および中国の合意により「反覇権の原則」に基づく平和協定が締結されなければならない。緊張と紛争が常に存在する停戦体制の下での南北朝鮮の関係は、このような諸段階を通じて恒久的な平和状態へと転換し、東アジア平和共同体への道が切り開かれていくことになる。

四、東アジア共同体の構築の前に立ちはだかるもの

しかし、東アジア共同体への道には、克服すべき困難な問題が山積している。確かに、すでに政府レベルでのトラック1交渉が精力的に進められ、それに加え、非政府レベルのトラック2交渉が宗教界、経済界、NGO、市民団体等、各界各層との協力関係の下で創造的な活動が展開されている。しかし、トラック1・トラック2レベルで活動している人々の間に、そしてまた一般大衆レベルでのアジアの民衆の間に「心の信頼」が醸成されているのであろうか。

ここに、私たちが挑戦しなければならない二つの焦眉の課題に直面する。第一に、私たちの心の奥深くに潜み、私たちを捕らえて離さない敵意とはなにか。私たちの社会や国家、さらには宗教共同体にあっても、国や民族や宗教を異にする人々、さらに利害を異にする人々と共に生きるより、むしろ対立や分裂を好み、さらには暴力さえ好む敵意がどうして生まれるのか。第二に、そうした敵意を乗り越え、人々の閉ざされたアイデンティティに潜む敵意を根底から変える希望とは、一体、いかなるものであるのか。

平和にはいろいろな次元があり、側面がある。第一に、自己と自己の内なる自己との間の平和（自己の内なる心の平和）、第二に、人間と人間との間の平和（個人間・集団間・国家間、あるいは個人と集団や国家との間、集団と国家の間の平和）、第三に人間と自然との間の平和（自然と自然の一部である個人・集団・国家との平和）、そして最後に、第四として人間と人間を超えた絶対的存在者（神や仏）との間の平和である。この四つの次元の平和は、それぞれ個別的に独立したものとして位置づけられるのではなく、相互に不可分的に密接な関係として秩序づけられるものである。

『ユネスコ憲章』の前文に謳われている「戦争は人の心の中で生まれるものであるから、人の心の中に平和のとりでを築かねばならない」という宣言は、まさしく第一の「自己の内なる心の平和」を指摘したものである。まことに、自己の内なる自己との間で平和を保ち得ない者が、仏教的に言えば、人間の根源的欲望である貪《とん》・瞋《じん》・痴《ち》の虜囚《りょしゅう》となっている者が、どうして他者との間で、時には彼もまた貪・瞋・痴の虜囚となっているかもしれない他者との間で、どのようにして平和をつくり、平和を保つことができるのか。

また、冒頭に掲げた『クルアーン』第四九章第一三節における神の啓示は、これもまた第四の「自己と神との間の平和」を説いている。神は、人間が互いに理解し合って平和に生きることを願って、人類をさまざまな種族と部族に分けたのである。しかし、私たちが「神との平和」を実現しようとする努力を怠っているがために、神の祝福に心がいたらず、相争い、殺し合うという愚行を犯すことになる。

キリスト教の『聖書』の「悔改め」という言葉は、ヘブライ語では「シューヴ（立ち帰れ）」という神の呼びかけの言葉である。神の御許《みもと》に立ち帰ることなしに、心の中に神との平和を打ち立てることなしに、どうして敵対者に対する復讐の憎悪を打ち捨て、赦《ゆる》しと和解、そして平和への道を切り開いていくことができるのであろうか。

ここで、私は一つの詩を紹介したい。それは、一九九四年一一月、イタリアで開催された第六回世界宗教者平和会議（ＷＣＲＰⅥ）において、戦火いまだ収まらず、人間同士の殺し合いが依然として続けられ、悲惨な生活を余儀なくされていた旧ユーゴスラヴィアの一国クロアチアから参加した、女性代表リリアーナ・マコヴィッチ＝ウラシッチ女史が壇上から訴えた「あなたの敵を愛せよ」という詩である。前半の部分のみを紹介するにとどめる。

あなたの敵を愛せよ

マコヴィッチ＝ウラシッチ（飯坂良明訳）

あんな奴のために祈れって？
とんでもない！　神様、それは無理な注文というもの！
私は友達を愛する、そして野原も森も海も……
植物や動物のために私は祈ろう、
だって、これらが死んだら、私たちの地球も死んじゃうもの。
だけど、あんな奴やほかの下らない奴のために祈るなんて！

それはあんまりというもの。

いえいえ、あんまりなんてとんでもない。
あなたの愛が、自分の親しいものだけに限られて、
あなたの愛が、仲間割れを生み出し、
私たちはこちら、かれらはあちら、
友達はこちら、敵は向こう側というように、
そんなふうに世界を分けるなら、あなたには信仰がない。
あなたには信仰がない、たとえ洗礼を受けていようと、
日曜にミサに出掛けようと、
自分の古着を慈善に差し出したとしても。
自分の友達だけを愛しているかぎり、あなたには信仰がない。
そんなあなたでは、世界は変わらない。
何もかもこれまでと少しも変わらず、
あなたの愛で地球は徐々に死んでいくだろう。

私たちの間には、目には見えない壁がある。国境の壁、言葉の壁、歴史と生活の壁、宗教と文化の壁、そしてなによりも心の壁がある。この壁は、互いに理解し合い、平和に生きるための学びの糧となる壁である。しかし、この壁は憎しみや暴力によって壊すことはできない。もし憎しみや暴力で壊すならば、その壁は敵意という目に見えない壁に変じ、壁の隔たりはますます巨大なものとなろう。逆に、互いに大切な友として理解し合い、赦し合い、和解への努力を積み重ねることによって少しずつこの壁を乗り越える道が開かれ、それがいつしか必ずや東アジア共同体へと結実していくであろう。

五、東アジア共同体の構築に向けての宗教協力と宗教者の役割

東アジア共同体が真に平和共同体となるためには、国の壁、民族・人種の壁、言葉の壁、宗教の壁、文化の壁、そして心の壁を乗り越えて、互いに相手の違いを受け入れ、認め合い、互いを必要としつつ、共に生きるという基盤が整備されていなければならない。まさしく「多様性の中の一体性」という統一された精神世界を具現できるのは、ひとり宗教の力のみであって、その力を行使するのが宗教者の役割であり、使命である。

東アジアにおいては、「ヨーロッパ連合」地域でのキリスト教、「アラブ連盟」地域でのイスラームというように、そこの地域に固有なアイデンティティを律する一つの共通した宗教は存

在しない。私たちの地域には、仏教、神道、儒教、道教、キリスト教、イスラーム、アニミズム等々の様々な宗教が混在し、多様な宗教文化や多彩な精神文化によって特徴づけられる。それだけに、東アジア平和共同体の構築に向かっての取り組みにおいて宗教者の諸宗教間対話や諸宗教間協力が重要な課題となる。

そうした課題は、勿論、数多くあるが、ここでは宗教者が取り組むべき挑戦として三点のみを掲げておこう。

第一の挑戦として、東アジア平和共同体のアイデンティティとなるべき普遍的共通倫理を創出しておかねばならない。その倫理原則は、東アジアの宗教伝統や文化伝統に根ざしつつも、現代の地球的課題に十分対応し得る地球倫理としての普遍的価値を持つものでなければならない。その作業を推し進めるためには、東アジアの諸宗教の宗教者の指導的役割が絶対的な必要条件となる。東アジアの宗教者は、東アジア地域のあらゆる社会とあらゆる文化によって遵守される理念・価値・規範を基盤とし、かつグローバル化した地球的課題に対応し得る共通倫理の創出に向かって具体的な行動に足を踏み出すべきであろう。

第二の挑戦として、日本・韓国・北朝鮮・中国の、宗教伝統を異にする宗教者による巡礼団を組織し、戦争の犠牲となった都市・町・村等の地を訪れ、歴史の痛みを追体験し、諸宗教間対話を通して霊性交流を深め、癒しと和解にいたる巡礼の旅を実現することである。巡礼の旅は、参加者が痛みと希望を共有し合い、分裂の敵意から共生の連帯へと大きく心を転回させる力強い学びの場となろう。

第三の挑戦は、日本・韓国・北朝鮮・中国の宗教者、特に東アジアの将来を担う青年宗教者を対象とする定期交流会を開催し、諸宗教間対話を通し相互理解を深め、各国間に立ちはだかっている障壁を乗り越え、和解と一致のための努力を継続的に行なうことである。IPCRやACRPは、先行の実践例を範として、日本・韓国・北朝鮮・中国の青年たちの平和キャンプの定期的開催に主導的役割を果たすべきである。

私たち宗教者は、あらゆる機会を利用して宗教コミュニティの社会的・宗教的・倫理的資源を最大限活用し、東アジア共同体の構築に寄与する具体的かつ効率的方法について論議を深め、その方策を追求し、協働の実践をしていかねばならない。

第一セッション

東アジア平和共同体の樹立——韓国からの視点

東アジア共同体と協力的な国際平和教育レジーム

金　永完

一、はじめに

去る八月、私は、韓国に帰って執筆活動を行ないながら、韓国の若者たちを注意深く観察する機会があった。外国での生活が長いせいか、それとも時代がずいぶん変わったせいかはよく分からないが、この頃の韓国の若者たちは、私が大学に通っていた頃の青年とは、かなり違うということに気がついた。かなり多くの男女学生たちの口からぞんざいな言葉遣いが乱舞し、それに行動も荒くなっていた。

私の頭の中には、日本と中国の青年たちの姿が浮かんできた。今から二二年前（一九八九年）に日本へ行った時、私が友情を結んだ日本の青年たちは、そのほとんどが、ボランティア精神に徹しており、また高い理想を持っていた。しかし、最近の日本の青年たちは、このような美しい姿を失いつつある。不満に満ちた顔をして、他人のことを配慮するどころか、迷惑をかけがちであり、さらに物理的な衝突を辞さない場合も多く、また未来への夢も失いつつあるのである。

それでは、中国の青年たちはどうだろうか。私が初めて中国に行ったのは、香港が中国の懐に戻ってきた一九九七年七月のことであった。その時、私は、素朴でありながらも遠大な夢を持っていた中国の若者たちに会う機会に恵まれた。ところが、今の中国の青年たちは、極めて自己中心的で、礼儀知らずの人間になりつつある。このようになったのは、「一人っ子政策」のためである、という人もいる。

このように、最近の東アジアの若者たちは、まるで揮発性物質のように爆発しやすい傾向がある。韓中日の若者たちは、改善された生活環境の中でいい物ばかり食べているので、顔色はよくなったものの、目つきはきつくなりつつある。私は、青年たちの歪曲された血気が和平と和合へ転化していけばどんなに良いだろうか、と思った。彼らのエネルギーが、世界の平和に向かって使われたらとても良いのに、と思ったのである。

一方、数日後、私は、韓国のある団体が主催した「東北アジア共同体セミナー」（KOREA-CHINA-JAPAN Global Seminar for Northeast Asian Community 2011）のあるセッションのコメンテーターとして招かれ、参加することになった。オリンピック・パークテルで開催されたこのセミナーの参加者たちは、数百人もの韓中日の大学生と多国籍の教授たちであった。この学生たちは、一方においては、東北アジア共同体に関する講義を一生懸命に聴き、一生懸命に討論を行なっていた。また他方においては、様々な文化交流を通じて相互理解の地平を広げ、互いの理想を分かち合っていた。一週間も続いたこの行事を通じて、韓中日の若者たちは多くのことを学び、また感じ取ったことも多かった筈である。今後、彼らは、世界のどこにいても、世界の平和のために役に立つ人材として、成長を重ねていくであろう。

彼らを見て、私は、自分自身の学生時代の様子を思い起こさずにはいられなかった。私は、一九八九年の夏、ＩＣＹＥ（International Christian Youth Exchange：国際基督教青年交換）の交換生として選ばれ、日本へ行くことになった。私を含む二〇人の青年たちが、世界各国から日本に集まってきた。私たちは、東京で約二カ月間語学研修を受けた後、全国各地へ派遣され、日本人家庭にホームステイをしながら、社会奉仕活動を行なった。社会奉仕活動が目的だったので、毎月もらう給料は一万円に過ぎなかった。私は、北海道の札幌ＹＭＣＡへ派遣された。半年後、Mid-year Conference に参加するために東京に集まった私たちは、各自の経験談を話し合いながら夜を明かした。また半年が経って一年間のボランティア活動が終わった時、私たちは、今後もこのような精神を以て社会のために働くということを決断し、それぞれの国へ帰った。振り返って見ると、その時こそ、私の人生の中で一番楽しくて幸せな時期だったような気がする。

このような脈絡で、以下では、韓中日の青年たちに平和教育を行なうことの必要性につき、東アジア共同体と結びつけて述べることにする。

二、東アジアにおける紛争と教育の重要性

上述のように、最近の若者たちは、非常に感情的で衝突しやすい傾向があるが、互いに心の門を開いて討論しながら友誼を固め、かつ明るい未来を建設しようとする青年たちも存在する。これを東アジアの国際関係に「代入」してみると、韓中日の間には紛争の要素もあれば、和合の要素もあるということが分かる。韓中日には、衝突しやすい人々もいれば、協力して善を行なうべく努める人々もいる。問題は、どちらを最大化させるかにあるのである。

この頃の若者たちが、自分の感情の調節をうまくできなくなった理由について、ある人は、彼らがファストフードを食べて育ったためであるともいうし、ある人は、人生が思った通りにうまくいかず、ストレスを発散させようとするからであるともいう。また、親や学校などの教育がだめだからそうなってしまった、という人も存する。このような心理的・社会的諸要因についての分析はさておき、ここでは国家的なレベルに目を転じて、いったい何が東アジアにおける葛藤の要因なのかについて、分析・考察をしてみよう。

多くの中国人は、日本を忌み嫌っている。「中国人は、国家的なレベルで、日本人を嫌うよ

うにプログラミングされている」と指摘する西洋の学者も存在する。政治学からすると、中国人が日本に対し嫌悪の情を抱くようになれば、中国国内政治に対する彼らの不満を外部に向けさせることができるので、中国政府は、このような現象を好まないわけにはいかない。特に、小泉純一郎総理が、毎年、靖国神社に参拝し続けた時に、中国人は憤怒に憤怒を重ねた。また、日本人も、中国を無視する傾向がある。さらに「毒餃子事件」によって、日本人の中国人に対する嫌悪感は、頂点に達したのである。

韓国人も、日本が余り好きではない。しかし韓国人は、韓日強制併合を通じて行なった悪行に対して、日本が真心を籠めて謝罪し、反省をするならば、それを受け入れる意向を持っている。

ところで韓国人は、何ゆえに、真心の籠もった謝罪を求めているのであろうか。ここで、私たちは、韓国人の心理に対する分析と理解が必要であると思われる。何ゆえに謝罪を要求しているのかというと、それは本当に許してあげたいからである。許してあげて、未来に向かって力強く進んで行きたいからである。それなのに、日本人がそれに気がつかず、不合理な発言を反復しているのは、日本の韓民族の情緒に対する理解が余りにも不足していることを、露呈しているということができよう。

韓国と中国は、両国間の国交が樹立された一九九二年以来、円満な関係を保ってきた。韓中関係は、主として中国の対北朝鮮政策の如何によって変化する傾向がある。高句麗の歴史をめぐる意見の不一致によって発生するような情緒的な摩擦もある。また、わきまえのない両国のインターネットユーザーの間で行なわれる感情的な舌戦によって、両国間の関係が悪影響を受けてしまう場合もある。

以上のような摩擦は、韓中日の国民個々人の感情表出でもあるが、大きく見れば、各国が自ら設置しておいたイデオロギーの罠に、自らが引っかかってしまって泣き叫ぶことと同じような現象である。国家そのものが、このような衝突を助長し、また利用しているような側面を、完全に否定することはできないのである。このような近視眼的な国益のための衝突は、国際関係の理論からいえば、現実主義（Realism）に始まる摩擦であるということができる。現実主義は、目前の現実的な利益の追求に汲々としている。例えば、韓国と中国は、日本で大震災が発生した際に、憐れみの心を持って、被害の復旧のための支援を惜しまなかった。それにもかかわらず、日本は、まるで水を差すように、「領土問題」を取り上げたり、過去において日本が行なった植民地支配は正当であったというなど、余りにも時宜適切ではない発言を、何の躊躇もせずに行なっている。視野がとても狭いがゆえに、このような「危機」こそ、相互の和合のための良い「機会」であることを、全然分かっていないのである。

日本の被災者に向けた救護活動は、宗教者であれ非宗教者であれ、誰もが行なった。宗教者の差し伸べる愛の手と非宗教者の差し伸べる愛の手には、質的な相違が存在すると思う人々も存するであろう。しかし私は、宗教に基づかず差し伸べた愛の手にも、既に無限の「宗教的な」愛が宿されていると考える。愛を分かち合って施す手は、それを行なう主体が誰であろうが、世の中や宇宙に向けて至高の価値を発散していると思う。人間が、自分の持っている物の一部を喜捨する行為には、人類の無限の価値が隠されているのである。

私は、教育に携わっている人間として、最近感じたことについて言及したい。私が属している中国山東大学法学院には、法学と日本語を同時に専攻するクラスがある。山東大学法学院の教授たちは、学生たちを日本の各大学に留学させてきた。法学と日本語を同時に専攻している大学院生全員を日本に留学させ、帰国後には祖国や日中関係の改善のために貢献できるような人材として育成するのが、教授たちの願望だったのである。学生たちも、これを切望してきた。しかし、日本の首相の靖国神社参拝などによって中日関係が悪化すると、学生たちは、日本へ留学することを憚るようになった。留学に行きたくても、周りの中国人たちの目があるから行けない、というのであった。今、日本への留学の申請者数はゼロである。

これは、目先の利益に汲々とした日本の現実主義政策の問題点を露呈している。目前の利益や政権の維持などといった近視眼的な政治が、このような問題を引き起こしているのである。教育は百年の大計である。もし中国の青年たちが日本に留学すれば、巨視的には、日中関係の改善に極めて有利に作用するであろう。民族間の対立を助長する政策を採用すれば、それによって損害を被るのは、日本自身に他ならない。また長期的には、日中関係も否定的な影響を受けざるを得なくなるのである。このような身近な例から見ても、巨視的な視座に立って青年たちを教育し、東アジア地域に長久の平和が維持できるようにしなければならないのである。

三、東アジア平和共同体のモデル

したがって、東アジアにおいて平和が維持できるようにするためには、各国が取っている現実主義的な態度を捨てて、長い目で未来のための教育を行なわなければならない。しかし、教育のための教育ではなく、互いに平和の実を結ぶためには、共同体意識を高揚させていかねばならない。以下では、簡単ながら東アジア共同体の樹立に関する国際関係学の理論的根拠を模索して見ることにする。

1、現実主義

現実主義（Realism）は、国際社会は無政府社会であると前提しながら、このような無政府的な国際社会においては、国家こそが国際政治の最も重要なアクターであると主張する。そして国家の行為は、国家の利益（national interest）の最大化に重点が置かれている。現実主義は、自己の論理的構造上、国際共同体という概念を受け入れることができない。東アジアにおける地域的な協力について分析する際に、現実主義的なアプローチの有用性があるとすれば、それはこの地域の統合が全然先へ進んでいないという現象について、説得力のある説明ができるという点である。西側陣営（資本主義諸国）の観点から一例をあげてみよう。ヨーロッパでは、東西陣営が明確に分けられていたが、東アジアでは、中・ソ紛争に見られるように、東側陣営（社会主義諸国）の中にも亀裂が入っており、東アジアにおける反共諸国が協力関係を強化していくべき当為性や現実的な利益は、相対的に少なかった。したがって、現実主義の立場からすれば、冷戦の完全たる終息——特に朝鮮半島において——なしでは、安保の状況が不確実な東アジアにおいて、地域統合が順調に進められていく可能性は希薄である。

2、自由主義

自由主義（Liberalism）は、「国家が国際政治の唯一のアクターである」とする現実主義の命題を拒否する。また自由主義は、国家のみが国際関係の唯一のアクターであるとは見なさないため、国際機構やNGOなどをも、当然に国際的な問題の解決の際に核心たるアクターとして認めている。一方、自由主義は、一九八〇年代以降、国家が国際関係の重要なアクターであるということを認め、かつ国際機構や制度の重要性を認めることによって、新自由主義（neo-

Liberalism）へと発展した。

3、マルクス主義

マルクス主義（Marxism）は、現実主義と同様、国家の重要性を強調する。したがって、国際機構や世界市民団体などのような非国家的アクターの独自の力や影響力を認めようとしない。マルクス主義で武装した旧ソ連が一九九一年に空中分解し、また北朝鮮に対するイメージが非常によくない現在において、マルクス主義による地域統合の可能性は皆無であるといわねばならない。

4、機能主義

機能主義（Functionalism）は、各国の共同繁栄と平和を増進させる最善の方法として、経済・技術・科学・福祉のような非政治的な分野における相互依存的な協力関係を提示する。これらの分野における相互依存の拡大は、政府間の網（enmeshment）を形成することになるが、このようになれば、各国の政府は、このような網を形成する費用が、戦争によって互いに敵対的になる費用より遥かに少なくて済むということを体得し、戦争という手段を取らなくなるというのである。機能主義的なアプローチによると、地域統合は、発展した資本主義諸国、特に個人の政治的・経済的自由が保障されている民主国家の間で成功する可能性が高い。さらに、相互交流を通じて共同体意識や共通規範を形成していけば、統合の実現可能性は一層高くなると見ている。

5、新機能主義

しかし、上記のような非政治的な分野における交流が、必ずしも政治的な変化や政治分野の統合をもたらすわけではない。例えば、韓国が北朝鮮に向けて試みてきた非政治的な分野における交流も、両国の政治的な統合に繋がらなかった。新機能主義（neo-Functionalism）は、機能主義のこのような短所を指摘しながら、特に経済分野における統合を強調する。経済的な統合は、超国家的なアプローチと政府当局間の政治的行為を必要とするので、政治的統合への「溢出効果」（spill-over：波及効果）を期待できるというのである。また、この理論によると、東アジアにおける超国家的な利害集団や官僚たちが、この地域の統合のために重要な役割を果たすことになる。東アジアにおける地域統合が実現するためには、超国家的な社会の形成が必要不可欠であり、また持続的な経済発展及び政治的な民主化並びに自由化が要求される。

6、国際レジーム理論

国際レジーム理論（International Regime Theory）は、国家がどのような条件の下で、なぜ他国との相互協力を求め、制度化や機構化を図ろうとするのかについて説明をしようとする。冷戦の終焉によって、国連及びその他の国際機構は、グローバル・ガバナンスの面において、一層積極的かつ効率的なアクターとして期待されつつある。ただし、既存の国際機構は、新しい形態の国際間協力を説明することができないので、この理論は、国家間で制度化された国際協力を体系化する作業に用いられている。特に、「協力的なレジーム」（Cooperative Regimes）は、利害当事者が、相互議論を通じて、相互の利害得失を計算し合い、合理的な水準で共同の利益を残しておいて、自分の分け前を得るべく努めるような問題解決方式である。

以上の様々な理論を、東アジアの地域統合に繋げて、分かりやすくもう一度説明することにしよう。現実主義による地域統合は、自己完結的な男女が、緻密な計算の下で、自分の主権の一部分を放棄して行なう政略結婚に喩えられる。政略結婚なので、政治的な目的によって結婚の寿命が決定される。

自由主義は、社会的・政治的身分の相違及び経済的差異並びに地域と国籍の相違に拘泥せず、自由に恋愛し、かつ結婚するケースである。自由に恋愛するわけだから、互いに同等な立場で出会い、複合的で多重的な恋愛も可能である。

正統的なマルクス主義者は、ひとえにマルクス主義を信奉する家柄の人と結婚をしなければならない、という結婚観を持っている。ただし、自分の家柄の経済的な復興のためには、時には資本主義の家柄を利用することはできる。しかし、子供たちに気づかれないようにしなければならない。

機能主義は、男女が頻繁に会ってデートしていくうちに、家庭を形成することができるという主義であるが、両家の格差が余りにも大きければ、暗礁に乗り上げてしまうこともある。また親の強い反対にぶつかれば、結婚の夢は空振りに終わってしまう恐れがある。

新機能主義では、男女が頻繁に会ってデートをするだけではなく、財布をぱっと開いてカップルリングやら、金の腕輪やら、ダイヤモンドネックレスなどをプレゼントしてあげなければならないという。このような巨額の支出は、両家の親の同意を得なければならない場合が多いので、結局は、両家の統合に繋がるというのである。

国際レジーム理論における男女は、ただ単に会ってデートすることで終わらず、結婚ゼミなどに通い、結婚式を挙げる。結婚後にも、引き続き夫婦クリニックや相談所に登録をし、互いの過ちを常に是正するべく努め、かつ互いに学び合いながら、より調和な結婚生活を維持しようとするのである。

四、協力的な国際平和教育レジームと東アジア共同体

東アジア共同体の形成のための上記の様々な理論的モデルの中で、まず、現実主義的なアプローチは排除しなければならないであろう。そして、私たちのような宗教者は、社会的通念上、度を過ぎるほどの自由主義的なアプローチを取ることはできないであろう。マルクス主義は、東アジアの共通したイデオロギーではないので、共同体の形成のための理論的な支柱にはなり得ない。機能主義は多様な交流の重要性を力説しているので、東アジア共同体の形成には有利に作用するであろう。しかし、宗教団体が新機能主義に基づいて活動を行なう場合は、一定の政治的な制約を避けられなくなると思われる。

巨視的な観点から見れば、東アジア共同体の樹立に最も役立つ方策は、国際レジーム理論に基づいて「協力的な国際教育レジーム」を創ることであろう。私は、以前より、朝鮮半島の安保や東アジアの平和のためには、非武装地帯（DMZ）の中に国連大学を設立すべきである、と主張してきた。国連は、地球的な問題の解決のために創られた政治的な合意機構である。これに対し国連大学は、南北朝鮮の間に立ちはだかっている不信の障壁の除去や、周辺諸国の安全保障のために、最も相応しい非政治的な国際レジームであるということができる。この国連大学に平和学の課程を開設して、南北朝鮮を始めとする全世界から学生と研究者を募集し、そ

の研究成果を、朝鮮半島や東アジア、ひいては世界の平和のために役立てれば良いであろう。世界各地から集まってきた学生、研究者及び教授陣は、朝鮮半島における暴力を防止し、平和を目睹《もくと》する重要な証人となるであろう。全世界の学生たちが、非武装地帯にあるキャンパスのなかで一緒に生活をしながら、相互交流を行ない学び合う過程を通じて、国際平和のやまびこは、国連大学を同心円として、朝鮮半島や世界の全域へ響いていくであろう。

しかし、本日、ここに集まった私たちは、このような雄大な事業を今すぐ成就させることはできない。けれども、平和教育のやまびこを、朝鮮半島を中心に世界に向けて響かせねばならないという東アジアの安全保障という現実のための当為性については、疑問を抱くことはできないであろう。

五、今後の課題

それでは、私たちが今後行なうべきこと、またできることは何であろう。私は、元気旺盛な韓中日の若者たちが一緒に集まって、東アジアの和解と平和を議論し合い、またそれを実践に移せるような踏み台としての小規模な平和教育機関の設立を提案したい。血気を暴力行使に使う代わりに、それを愛に転化し、世界の平和のために使うように嚮導する「東アジア平和教育センター」を設立しなければならない。旧約聖書の「ミカ書」には、次のような聖句がある。

すなわち、「主は、多くの民の争いを裁き、はるか遠くまでも、強い国々を戒められる。彼らは、剣《つるぎ》を打ち直して鋤《すき》とし、槍を打ち直して鎌とする。国は、国に向かって剣を上げず、もはや戦うことを学ばない」（「ミカ書」第四章第三節）。私たちも、憎しみと血気の剣を打ち直して鋤とし、反目と対立の槍を打ち直して鎌とし、平和の畑を耕し、愛の実を収穫する道具として使わねばならないであろう。そうすることによって、東アジア諸国をして、二度と銃剣を互いの胸に突きつけ合わせないように、二度と戦うことを学ばないようにさせなければならない。

国民に憎悪のイデオロギーを植えつけて、相互反目を助長するような近視眼的な政治の論理ではなく、百年の先を見通し、平和を醸成する宗教的な愛の精神を以て、青年たちを教育する場が設けられなければならない。二二年前、私は国際交換生として日本へ渡り、数多くの国際交流活動に参加したが、そこには、平和についての教育のプログラムはほとんどなかった。このような教育は、帰国してからまた八年の歳月が経った一九九八年、日本国際大学（ＩＵＪ）大学院の国際関係学研究科に留学した際に、はじめて受けることができた。六〇余カ国から集まってきた学生たちと共に生活しながら、この世の平和の問題について深刻に悩んでみたのである。

去る日々の経験に照らして見ると、各国の青年たちが一緒に集まって、平和を論じ合い、それを実践できるような教育機関があれば、東アジア共同体の形成に有効に作用する筈であり、またこの地域における平和は、長期間にわたって維持できるであろう。

だからといって、私は、専門的な宗教学校の設立を主張しているわけではない。キリスト教を例に挙げていえば、神学大学を設立せよというのではなく、キリスト教の精神に立脚して設立された一般のミッションスクールで良いのである。このように設立された平和教育センターで、宗教的な霊性に満ちた実践的な平和学を教えよう、というのである。本日、ここに集まった各国の宗教団体が、相互団結して平和教育センターを設立し、韓中日の若者たちに平和の魂を吹き込むことができれば、東アジア地域における平和共同体の樹立や友好関係の維持に、大いに資することができると確信する次第である。

「東アジア共同体と協力的国際平和教育レジーム」に対する討論

李　相俊

金永完教授（以下、筆者）は、東アジア平和共同体の構築に関連して、東アジアにおける紛争解決と平和醸成のためには、青年たちに対し、平和教育を行なう必要があると力説している。そして、東アジア共同体の樹立に関する国際関係学の理論的根拠について説明を行なっている。特に、地域の統合に関する様々な理論を、結婚の様々な態様に喩え、易しく説明して下さった。理論的な説明の結論として、東アジア共同体の成立に関する様々な理論的モデルの中で、「国際レジーム理論」（詳細は後述）に基づいて国際教育レジームを形成させれば、東アジア共同体の樹立に役立つであろうと述べている。筆者は、こうした理論的考察に基づき、東アジアにおいて協力的国際平和教育レジームを形成させるためには、朝鮮半島の真ん中に立ちはだかっている非武装地帯（ＤＭＺ）に、国連大学を設立する必要があると主張している。しかし、この場に集まっているわれわれ宗教者がＤＭＺに国連大学を設立するのは、今すぐできることではないので、筆者は東アジア平和共同体の樹立のために大いに役立ち得る現実的かつ具体的な代案として、「平和教育センター」を設立することを提案している。

筆者が発表した論文は、東アジア平和共同体の構築というテーマに関する国際関係学の理論的・観念的説明と共に、われわれ宗教者に対し、具体的な実践方案までも提示している。

東アジア平和共同体の構築の問題は、広範囲な領域にわたるテーマである。従って、時間的な制約がある中で発表されたこの論文について討論をしながら、東アジア平和共同体の構築という問題を包括的に扱うことには、限界があるに違いない。従って、評者が以下において提示した質問の大部分は、筆者も意識しているはずであるが、ただその表現は省略しただろうと思われる。

まず第一に、東アジア共同体の設立のためにわれわれ宗教者が行なうべき実践方案は、青年に対する平和教育のようなレベルや領域に限定されるしかないのであろうか。

東アジア平和共同体の設立は、何よりも安保的、経済的、社会・文化・歴史的観点からの統合でなければならない。東アジアにおける領土問題、即ち中日間における尖閣列島をめぐる紛争、韓日間における独島の問題、韓中間における離於島（Socotra Rock）の問題等を克服し、平和共同体を設立するためには、多国間の協力による解決方式や規範を通じて、多国間安保協力機構を成立させる必要がある。また、韓・中・日間の経済的協力を増大させるための経済共同体を設立する必要もあり、社会・文化・歴史的観点からの統合のためには、東アジア諸国間において類似したアイデンティティを発展させ、互いに異なる社会的背景・文化・言語・歴史などは交流と協力を通じて、相互理解を増大させる方案が必要である。

しかし、東アジア平和共同体を構築することは難題であり、韓・中・日は、歴史的に真の意味の協力や自発的な参与を通じて地域共同体を成立させた経験がなく、現在においても東アジアにはヨーロッパ連合のような政治・軍事・経済・社会・文化を包括する共同体が成立するような気配はしない。従ってこのような状況の下で、東アジア平和共同体を構築するためには、政治指導者たちの決断、経済協力の深化、そして東アジア全体の社会と市民の画期的な認識の変化を必要とする。

東アジア平和共同体を構築するための画期的な認識の変化のために、われわれ宗教者は、青年たちに平和教育を提供するような役割だけではなく、政治家、経済界の指導者、一般市民にも影響を及ぼし得る方法を見出さねばならないと思われる。

第二に、東アジア地域の紛争と青年に対する平和教育の重要性を強調した理由を、もっと具体的に説明してもらいたい。韓・中・日三国間の摩擦は、国家のレベルで助長された側面が多分に存在すると説明されているが、そうであれば、青年たちではなく、国家政策に至大な影響力を持って政策を立案する国家指導者たちの認識を変化させるための方案を見出すことも、とても重要であると思われる。
評者は、東アジアにおける多くの紛争は、幾つかの国家指導者のような既成世代（中高年世代）の過ちに起因すると思う。しかし、既成世代の認識を変化させるのは極めて難しい反面、青年たちの認識を変化させる可能性は遥かに高いために、筆者は、東アジア平和共同体の構築に一層実質的に役立ち得る青年に対する平和教育の重要性を強調したと推察される。

第三に、筆者は国際レジーム理論（International Regime Theory）について簡単に説明しながら、国際レジームについての定義を省略したので、評者は、これに対し、現在最も広く認められていると思われる定義を叙述することにする。クラズナー（Stephen D. Krasner, 1942-）は、国際レジームについて、「国際関係の特定領域において行為者の期待するものが収斂される明示的あるいは黙示的原則、規範、規則、そして政策決定の手続き」と定義している。

第四に、筆者は、東アジアにおける協力的国際平和教育レジームを形成させるためには、非武装地帯（ＤＭＺ）に国連大学を設立する必要があると主張している。ところで、韓国には既に国連平和大学（UN-mandated University for Peace：ＵＰＥＡＣＥ）のアジア太平洋センター（UPEACE Asia Pacific Center）が設置されている。国連平和大学アジア太平洋センターの設立に対する承認は二〇〇〇年に発表され、二〇一一年の春学期には、「開発と国際協力」についての修士課程が開設された。また国連平和大学アジア太平洋センターは、韓国の幾つかの大学と協力して、共同学位課程を設けている。

国連平和大学は、一九八〇年、国連総会決議によって設立された国連唯一の附設高等教育機関である。国連平和大学は、人権・環境・平和・紛争解決の分野の国際専門家の養成を目的としており、本校はコスタリカにある。国連平和大学は大学院大学で、一九七三年に純粋な学術研究機関として日本において設立された国連大学（ＵＮＵ）とは、性格を異にする。ところで、国連の研究機関としての機能を遂行してきた国連大学は、二〇一〇年には大学院課程を開設し、初めて学生を募集した。

第五に、筆者は、われわれ宗教者が東アジア平和共同体の構築事業に役立ち得る現実的かつ具体的な方案として、「平和教育センター」の設立を提案している。評者は、この提案は、韓国宗教者平和会議によって実行し得る良い方案であると評価し、これを大いに支持する。ただし、この提案が実現するためには、各宗教団体における東アジア平和共同体の構築のための具体的な実践例を総合評価し、果たして平和教育センターの設立がすべての宗教団体の経験と意志を総合的に統合するのに最も適切な実践方案であるかについて、議論を行なう必要がある。

カトリックの場合は、東アジア平和共同体の構築の一環として、韓日間の和解と一致のための韓日司教交流会と韓日青年交流会を、毎年行なっている。そして、天主教ソウル大学教区は、二〇一〇年、ソウルパクスフォーラムを開催し、安重根が主唱した「東洋平和論」に立脚した平和学校の設立を提案したことがある。評者も、宗教平和国際事業団（ＩＰＣＲ）二〇一〇年国際セミナーにおいて、東アジア平和共同体を成立させるためには、韓国、中国、日本、そして北朝鮮も含む青年平和キャンプを定期的に開催する必要があると、韓国宗教人平和会議（ＫＣＲＰ）に提案したことがある。

東アジア平和共同体の構築に関連した国際関係学の理論的根拠をまとめて説明し、具体的な実践方案を提示して下さった筆者に謝意を表す。そして、「東アジア平和共同体の構築と国際社会の役割」というテーマの下で開催された二〇一〇年のＩＰＣＲ国際セミナーを受けて、今年も引き続き「東アジア平和共同体の構築と宗教者の役割」というテーマの下に、東アジア平和共同体の構築のための議論を導き、東アジアの社会と市民に肯定的な影響を与えようとする韓国宗教人平和会議の努力が、良い実を結ぶよう祈念する次第である。

（翻訳・金永完）

東アジアにおける平和共同体の樹立と宗教者の役割

樋口美作

一、人間は神の代理人

争いは人間の悲しい「性《さが》」（もって生まれた性質や宿命）とでも言えるのだろうか。長い歴史を見ても人間は、この争いという「性」の中に生きて来たし、現在も生きていると思うのである。戦争の世紀といわれた二〇世紀が終わり、平和の世紀と期待された二一世紀であったが、地域的な戦争や紛争は依然として後を絶たず、さらに環境破壊や貧富の格差など、形を変えた恐怖が私たちの生活を脅かしている。

神（アッラー）は天地を創造されたあと、天使に向かって「われは、地上に代理者を置くであろう」と告げたという。するとそれを聞いた天使は「あなたは地上で悪を行い、血を流す者を置かれるのですか」と嘆いたといわれている。神は天使に、アーダム（アダム）にはすべてのものの「名」を教えたことを諭し、彼を地上に送ったと『クルアーン』に記されている（『クルアーン』第二章第三〇～三三節抜粋）。

そしてその「名」とは何か、『日亜対訳・注解聖クルアーン』（宗教法人日本ムスリム協会、一九八二年）の訳者である故三田了一氏は、注解の中で次のように解説している。「「名」とは、ものの内面の性質や属性をも意味し、感覚を超えた面をも含む。人間の性質の中には、天使には授けられていない感情上の資質がある。人間は愛しまた愛を理解することができる。これにより〔人間は〕地上における、アッラー〔神〕の代理者となり得る計画性と主導力をもつことになる。主〔神〕から授かった、知識と才能を備える人間は、主〔神〕の許しと指導のもとに初めて地上の管理ができるのである。現代科学技術の進歩も、この範囲を逸脱するものではない。すなわちアッラー〔神〕の許しと導きと助けのもとに、すべてのものの「名」が、開発され運営されているにすぎない」と（六ページ注22参照。〔　〕は引用者による補足）。

二、共通な課題に向き合う

ところで私たちは、これまでこの地球上の良き管理者として、はたして神の意思に応えて来ただろうか。この疑問に対し私たち人間は、まずは悔悟し許しを請うことから始めなければならないと思うのである。残念ながら人間は、かつて天使が、「血を流す者を置かれるのですか」と嘆いたように、お互いに血を流し、神が用意されたこの大自然の恵みを際限もなく享受し、自我の欲望を満たしてきたのではないだろうか。この神の代理者といわれる人間の暴力に地上のあらゆるものが悲鳴を上げているようにさえ思えるのである。この度の福島の原子力発電所の事故にしても、これは神の創造の領域ではなく、神の許しと導きを無視した人間の、傲慢な科学的知識と才能によるものである。この事故による生命への恐怖は、事故発生後も数十年続くと言われている。この人類の恐怖ともなる原発は、今や日本海を囲む極東三国に、稼働中といわれるものでも三十四基存在するのである。原発問題は一国のものではなく極東三国共通の問題でもある。万が一、一国に事故が起これば、あるいは全地域に及びかねない、いわば国境の無い存在である。われわれ宗教者はこうした共通な課題に対してどう対峙していかなければならないのだろうか。これが今回のテーマの真意であろうと思う。

宗教者の役割とは何か。戦後の日本人企業家の一人は次のように言っている。「権力者には暴力が付きまとう、それを和らげるのが宗教者の役割だ」と。

今、私たち宗教者が真摯な気持ちで構築しようとする「東アジアにおける平和共同体」というグローバルな課題にしても、今後いろいろの面で権力による「暴力」が付きまとうことがあるだろう。そうした暴力を和らげるために私たちは何ができるだろうか。それは神から与えられた「名」すなわち人間の叡智、対話であろうと思う。対話こそが神の代理者たる人間に与えられた平和的解決の最高の手段である。その対話は「言葉を超えた人格的な交わり」（塩尻和子「イスラームのグローバリゼーションと日本」『日本に生きるイスラーム——過去、現在、未来』サウジアラビア王国大使館文化部編、二〇一〇年、八七ページ)、すなわち宗教教義上の駆け引きや言葉による理解ではなく、行動を通じた人格的な対話でなければならないということである。

三、人間は愛し、愛を理解できる

神からわれわれに与えられた資質である「人間は愛しまた愛を理解できる」対話は、相手との違いも解《わか》る相互理解の対話でなければならない。今後の対話は宗教間だけに止《とど》まらず、政治、経済、文化の分野はもとより、地域的、民族的慣習の相互理解を深める幅の広い対話が求められるであろう。それを率先するのがわれわれ宗教者の役割であろうと思う。そして将来の可能性を秘めた若い世代を加えた深みのある持続可能な「対話の輪」を拡大することが重要な課題である。

幸いにしてわれわれ宗教者は、これまでこの対話の世界に深く関わり、多くのことを体験して来た。とかく消極的と思われてきたイスラームも、最近では平和的共存のための対話の動きが見られるようになった。これはこれまでわれわれが根気よく継続してきた宗教間対話の結実であろうと思う。

最後に次のことばをもって終わりたいと思う。「本当にアッラー〔神〕は、人が自ら変えない限り、決して人びと（の運命）を変えられない。」（『クルアーン』第一三章第一一節）

東アジア共同体の構築と宗教の影響――中国の視点より

陳　景善

一、はじめに

ＥＵ共同体の形成に対応して、中、韓、日三国は長い期間東アジア地域における共同体の構築に向けて検討してきた。それは、経済、政治、文化及び法律、宗教などあらゆる分野において体現されている。本稿では、今回のシンポジウムのテーマを囲んで、宗教が東アジア共同体の構築に及ぼす影響について検討したい。特に、宗教と唯物論という完全に異なる二つの意識形態の下で中国における宗教の影響を研究し、東アジア共同体の構築において中国が担うべき役割を論ずることは重要な意味を有するものと考える。

二、中国における東アジア共同体の構築主体及び宗教の影響

一つ明確にしなければならないのは、東アジア共同体の構築に向けて主たる役割を果たすの

は、中国では政府及び人民である。両者のうち、官が主であるが、人民の役割も無視できない状況にある。中国の政治システムは、中国共産党の指導の下で多党協力の体制をとっている。尚、中国は地域が広く、多民族の国なので、民主党派と総称する与党と少数民族の宗教信仰も存在している。こういう状況に照らして、中国政府は一九五〇年代に既に宗教の特徴を大衆性、民族性、国際性、複雑性、長期性等と概括し、これはマルクス主義と中国の実情を合わせた科学的な概括であると指摘し、これらの特徴を国の宗教政策方針と定める根拠とした。ここで分かるように、政府の主導の下で宗教活動を導き、宗教を補助とする体制をとり、宗教が政府の政治、経済秩序を乱さなければ、政府は宗教活動を励ましはしないが、宗教の自由を保障しており、その積極的な役割も認めている。ただ、宗教を利用して反政府活動を行うと、弾圧を余儀なくされる。その結果、むしろ一部の邪教を推し進めた一面もある。「ラービア」の事件はその典型であるといえる。そこで、東アジア共同体の構築においては、中国政府が宗教を正しく認識し、宗教を正しく取り扱う価値観を創出することが最も望ましいところである。

三、中国における宗教の位置づけ

本章では、宗教を正しく認識し、宗教を正しく取り扱う価値観を創出するために必要となる宗教環境、宗教の位置づけ、国及び人民の観点から宗教信仰について概括し、その分析を試みた。

1、中国における宗教の発展状況

現に、中国における主な宗教としては、キリスト教（プロテスタント）、カトリック教、仏教、イスラム教、ラマ教（チベット仏教）及びその他の少数民族の宗教がある。そのうち、例えば、中国におけるキリスト教会（プロテスタント教会とカトリック教会）の発展状況をみると、一九四九年に中華人民共和国が成立した後、中国政府は国内のキリスト教に独立した自主宗教団体として活動する条件を与えた。一九五〇年の七月に呉耀宗等四〇名のキリスト教系各宗教団体のリーダーは、《中国におけるキリスト教が新中国建設に貢献するルート》について公布し、「三自（自治、自養、自伝）宣言」を公表した。その後、三、四年間で同宣言に署名した信者は四〇万名以上に達し、当時のクリスチャンの三分の二を占めていた。その後、何十年間も中国のキリスト教は自主自治の方針に基づいて活動し、広く信者に認められ、支持を得てきた。そして、教会及び伝道活動は健全な方向へ向かって発展してきた。現に、中国のクリスチャンの総数は一九四九年に比べて一四倍に増加し、カトリック教教会は一一五箇所に主要な拠点をもっているという。中国の宗教は独立・自主の原則を堅持するのみならず、平等互恵を基に積極的に世界各国の宗教組織と交流し、密接な関係を維持してきた。中国と友好な関係を維持し、中国の主権を尊重し、中国の宗教の独立・自主を尊重するのであれば、中国の扉はいつでも開いていると中国政府は主張している。なお、中国の宗教団体は国際交流にも励んでおり、世界各国の宗教団体と友好な関係を維持している。一九九一年二月に中国のキリスト教協会は正式に「世界教会協議会」に加盟した。中国のカトリック教も前後して「第五回宗教平和国際会議」、「世界カトリック教青年大会」などの国際会議に出席した。近時、中国のキリスト教会は、国外にも相当多くの留学生を派遣したり、外国の教授及び学者らを国内に招聘して神学院で講演を行ったりしている。中国の仏教、イスラム教も友好的な国際交流活動を行っている。

中国政府は一貫して自主独立的な平和外交政策を実施し、ヴァチカンとの関係を改善しようとしている。但し、改善の前提として――まず、ヴァチカンは、必ず台湾との所謂「外交関係」を断絶し、中華人民共和国を中国の唯一の合法的政府として、台湾を中国領土の一部であると認めなければならない。次に、ヴァチカンは宗教をもって中国の内政に干渉してはならない。中国とヴァチカンの関係は国家間の関係であり、国家の関係を改善してはじめて宗教問題を論ずることができる。ただ、中国とヴァチカンとの関係改善の如何に拘わらず、中国政府は一貫してカトリック教が愛国主義を唱えていることを支持し、自主独立に教会を運営することを認める方針を固めている。

2、国民の宗教信仰状況

周知のとおり、中国のほとんどの人民は共産主義を信仰しているが、前述したとおり様々な宗教を信仰している人も少なくない。いうまでもなく、宗教の信仰が健全であれば社会の発展を推進し、個人の素質も高めることができるが、信仰が健全でなければとんでもない方向に進んでしまう。しかし、我々は小学校に入ってから一貫して唯物哲学教育を受けているが、なぜ宗教を信仰するようになるかについては自分自身で考えざるを得ない。各宗教にはそれぞれ神が存在し、信者らは同人物に向けて祈り、精神的に頼っている。また彼の意思に従って周りの人に愛を注ぎ、周りから愛をもらうことによって満足している。信じればあり、信じなければ無の世界である。

多くの人たちが宗教を信仰する原因について筆者はまとめてみた。その原因として、①将来が見えない、②共産主義の思想教育で満足を得られず他に精神的に頼ろうとする、③家族が宗教を信仰している、④経済の発展に伴って金銭であらゆる関係が形成される社会で心の癒しを求める、⑤関わった宗教の教義に接した時に感銘を受けた、⑥海外へ留学する時に宗教を受け入れやすい傾向がある——などが挙げられる。現に、宗教を信仰する階層は、公務員、教授、芸能界、商売人、大学生と幅広く、また、親の信仰と希望により小さい時から普通の学校に行かず神学院、仏学院に通う学生も少なくない。宗教はあらゆる分野に浸透し、人々の日常生活と切り離せない。一部邪道（邪教）に入った人を除いて、宗教信仰がある人たちをみると、素質が高く、奉仕精神が強く、困難によく耐え、心理的プレッシャー及び社会の矛盾を解消することができるので、宗教は健康的な心理状態に資するものということができる。例えば、二〇〇八年の中国四川省で発生した「五・一二」大震災時に、大勢の人たちが親族を無くし、家が瞬時に無くなる痛みを経験した。しかし、当時の報道をみると分かるように、ラマ教を信仰するチベット族の人々の表情には苦しみがなかった。彼らは、人は生まれ変わる（輪廻）、あるいは天国に行ったと信じるからである。勿論、中国政府の強力な指導の下、各宗教団体及び社会団体の協力で二年間で文川地域の再建に成功した。如何なる信仰であるかに関係なく、信仰がなければそういう困難に耐えることができなかったと思われる。なお、注目しなければならないのは、宗教団体の奉仕は如何なる報い（見返り）も望まなかった。これに対して、共産党の幹部らは宗教団体が災難区において若干でも貢献するとすぐ模範の典型として、様々な形で表彰した。また、震災時に韓国、日本から救助隊が現場に駆けつけるのをみることができた。国籍は違うが隣国に災難が起こった場合、他人のことのように思わず、自発的に被災地に向かっていた。今年、日本の「三・一一」地震の時も同様に、中国及び韓国から救助隊が現場に向かった。ここで分かるように、我々は苦労を共にする基盤ができているので、共同の利益を前提に各国政府、宗教及び社会団体の推進により、東アジア共同体の構築は可能であり、近い将来に実現できるであろう。

3、宗教と唯物主義との衝突

中国では宗教と唯物主義との矛盾は常に存在している。その矛盾について、この節では理論上の分析は先送りにして、筆者の経歴に基づいて述べさせていただきたい。我々の世代の信仰が東アジア共同体の構築に及ぼす影響、そして、宗教がその中で果たす役割を十分認識することができれば、中、韓、日三国の三者ウィン・ウィン・ウィン（三者がみな利益を得る）に資するはずである。私個人は、我々の世代の主流を代表しているわけではないが、中、韓、日三国の言語教育を受けた背景もあって、いつも東アジア共同体の構築に自分のささやかな力で貢献したいと考えている。小学校から大学一年生まで、私は共産主義のみを信仰し、小学校一年生の時は第一順で少年先鋒隊に加入し、中学校でも第一順で共産青年団に加入し、高校の時に既に共産党員に加入するための入党申請書を書いていた。

しかし、大学二年生から突然人生が疲れたような感じがし、競争心を無くしてしまった。通常いう向上心がなくなってしまった。周りの人たちは神聖不可侵の共産主義を、北京に戸籍を残していい職場を見つけるための道具として利用していた。完全に共産主義への信仰が崩れていった。大学卒業後、改革開放政策に伴い、一生懸命お金を稼ぎ、金銭万能主義に染められた。その後、海外に留学するブームに乗り、日本に留学するようになった。日本では一生懸命勉強し、アルバイトもして、周りにまったく目を配る暇もない「戦いの生活」を送っていた。ちょうどその時に韓国人教会の留学生が私に声をかけたのがきっかけで共に勉強・交流し、心の温かさを感じた。そこで、毎週日曜日に教会に行って礼拝し、洗礼もうけてクリスチャンになり、イエス様を信じ、新たに国境を越えた愛の心、博愛を認識しはじめた。民族、国籍に限られるのは如何に狭いものであるかを初めて感じた。周りの人々の情熱的な信仰、他人のための奉仕、困った人がいる所に自ら行って祈り、みんなで力を合わせて祈る力の威力もわかった。キリスト教の巨大さを感じた。この経験は、私の人生の中で最も充実したものであったような気がする。しかし、その後、学位とか就職とかの問題で、信仰を主とする生活をするか信仰なしの現実的な生活を主とするか、両者兼用して相互補助するウィン・ウィン方式を取るかの選択に直面した。四〇近くになって学位を取ったので、多くを考える余裕もなく、急いで帰国して教鞭を執るようになった。最近また戸惑っている。新たに信仰を選ぶか、以前の信仰を続けるかの問題に直面した。私は一九六〇年代末に生まれているが、おそらく同世代の多くの人は私と似たような経歴をもっていると思う。我々の世代は中堅として今後東アジア共同体の構築において主要な役割を果たすと思うが、我々の信仰、受けた教育もおよそ潜在的に影響を及ぼすだろう。いうまでもなく宗教の役割は無視できなくなった。特に、東アジア共同体の構築は各国の利益に関わり、利益均衡、協調に関わっている。いずれにしろ、共通の信仰があってお互いにうまく意思疎通を行えば、互恵互利は言葉だけに留まるものではないと考えられる。

4、東アジア共同体の構築――資本市場法制の構築へ向けた動き

私の専門の関係で、今回の主題である東アジア共同体の構築と関わる資本市場法制の構築の一環であるアジア版債券市場の構築について若干述べさせていただきたい。去年より中、韓、日三国の資本市場の法律専門家、経済専門家、実務家、市場参与者及び各国の政府関係者は、アジア版債券市場の構築のために動いていた。これは、欧州の債券市場に相当するもので、アジアの潤沢な資金が外に流れないようにしてアジアを豊かにしようとする発想による。アジア各国にとっていえば、有利であるが、各国のやり方や考え方が異なるので、シンポジウム一つまとめるのも容易なものではなかった。アジア版債券市場の構築は早稲田大学の「企業法制と法創造」総合研究所のアジア資本市場法制研究グループが提唱し、同提案を民主党が新経済成長戦略に取り入れた。ここで分かるように、日本では多くの政策、立法がまず民間の研究レポート方式でまとまり、それが国に採用されるということが少なくない。しかし、中国ではこういう形式は難しい。官本位の中国では、官僚或いは金銭で何かを推し進めることは可能である。ただし、金銭で進める場合は、十分に面子《メンツ》と尊厳を考えてあげなければならない。ここで宗教が担うべき役割とは何かと考えると、およそ人脈と財力を合わせて東アジア共同体の構築を推し進め、アジアの人民に富を与えることであろう。

（翻訳・金永完）

第二セッション

東アジア平和共同体の樹立——日本からの視点

東アジアにおける平和共同体の樹立と宗教の役割

山本俊正

一、過去の加害の歴史を想起する

ご存知のように、三月一一日に東日本で大きな地震、津波、原発事故という複合的な災害が起きました。現在も多くの行方不明者（四〇〇〇人以上）がおり、福島の原発事故は継続中で、収束の見込みもありません。日本からの視点は、この震災と原発事故を念頭に置きながら話したいと思います。最初に個人的な体験から始めます。

五年ほど前のことになりますが、ドイツのヴィッテンベルクという所にある「城の教会」を訪問する機会がありました。城の教会は宗教改革者として有名なマルティン・ルターが一六世紀に免罪符に抗議して九五か条の提題を掲げた教会としてよく知られています。私が驚かされたのは、教会の裏のほうに回って見たとき、外壁の上の方に置かれている豚の彫刻像を目にしたときのことでした。「なぜ、この有名な教会に豚の像が掲げてあるのか」と、一緒にいたドイツ人に尋ねますと、次のように説明してくれました。この豚の像は一二世紀の初め、ユダヤ人にたいする軽蔑の印として作られたということでした。当時、ドイツの教会はユダヤ人を「ブタ」と呼び、そのように扱って差別していたのでした。一九八三年、ルター生誕五〇〇年祭の時、教会の改修工事が行われ、この豚の像を取り壊すかどうかが教会内で議論になったそうです。その時の教会の決定は、教会が歴史上、ユダヤ人を差別したことを忘れないためにも像をはずさずに、そのまま残すという選択でした。

私は、教会がこのような決定をしたことに大変驚かされました。日本では考えられないことだと思いました。日本であれば、「臭いものには蓋をする」とか、「過去は水に流す」というやり方で処理してしまうのではないかと思います。ドイツ人はこの豚の像を見ることによって教会が過去に差別をしていたことを思い起こすわけです。私たちは、また国家は一般的に、自分たちが被害者であったというシンボルを残し、想起するということはよくすることだと思いますが、自分たちが加害者であったことを想起させるシンボルを残しておくことは、非常に勇気のいることだと思います。またこの豚の像は、私たちが歴史の中で過去に罪を犯したことを忘却してしまうことが、実際に罪を犯したという事実以上に罪深いことであることを教えているのではないでしょうか。忘れ去られたユダヤ人に対する長年の差別がユダヤ人虐殺やアウシュヴィッツを生み、忘れられた広島・長崎の体験が福島の原発災害を生みだしたのかもしれません。福島で起きた原発事故は、過去六六年にわたり放射能に苦しんできた広島、長崎の被爆者に対する裏切り行為だと思います。私たちは過去の被爆の歴史から何も学んでこなかったのではないか、そういう思いに駆られます。

この一〇年ぐらいの間に、新聞等で日本の教科書問題が、韓国や中国からの抗議を含めて、時折、報道されます。日本の歴史教科書は全体の傾向として「従軍慰安婦」などの記述が削除されたり、「南京虐殺」が「南京事件」に書き換えられたりしています。加害者としての、私たちの歴史的な過去を想起させる記述が教科書から大きく後退しているのが特色です。私たちは個人的な些細な争いや、不用意な言葉を使うことを例にとっても、自分が相手を傷つけたことはすぐに忘れてしまうのですが、傷つけられた方はいつまでもそれを覚えているものです。歴史的に傷ついたアジアの国々は依然としてその痛みを忘れていません。東アジアにおける平和共同体の樹立を考えるときに、私たちは、それぞれが負っている加害の歴史と責任に向き合うことが大切だと思います。

クリスチャンは日曜日に教会に行き、礼拝の中で、自分の罪を認め、告白し、神の赦しを乞い、悔い改めて教会の外の世界に神から派遣され、社会に奉仕することが求められます。それでも、私たちの現実は、繰り返し罪を犯してしまうものです。他者の痛みを自分の痛みと感じることは大変難しいことです。宗教には個人のレベルだけではなく、共同体としての加害の歴史を想起する、思い起こさせる役割があると思います。ドイツ人が「城の教会」の豚の像を見るたびに、自分たちの差別性を思い起こすように、日本の宗教者も東アジアにおける日本の加害の歴史を「水に流す」のではなく、それと向き合って想起し続ける努力が必要であり、それが東アジア平和共同体の樹立のための前提条件だと考えます。宗教者の役割と責任は共同体の加害と被害の集団的記憶と向き合い、それを世代を超えて伝えていくような触媒的な働きをすることではないかと思います。

二、共同体が継承してきた価値観の再評価

次に、それでは、東アジアにおける平和共同体をつくるにはどうしたらよいのでしょうか。まず、東アジアに存在する様々な、伝統的村共同体の原理、宗教的エートスに注目したいと思います。日本では明治以降、近代化の大きな特色の一つは、資本主義的な市場経済を形成することでした。この大きな目標を達成するためには、私たちがより科学的に思考し、合理的な精神の持ち主となることが期待されました。しかし、この目的の促進にとって大きな壁となっていたのは、農村や山村における共同体の存在でした。またその共同体を構成する基本的な原理でした。日本の伝統的な村共同体は自然と人間が深くつながりあった共同体です。自然に対する信仰や多様な神が仏と結びつく神仏信仰として一体化され、私たちは自然と共に生き、自然

の中で死んでゆくと理解されていました。伝統的な村共同体では科学的進歩よりも、すべての「いのち」の循環を、また合理的な精神よりも非合理的な合意や習慣を基本的な原理として重視したのです。近代化は人間が自然を征服することを意味し、村共同体は生産力が未発達な時代の「遅れた」社会として解体されていきました。

これら近代合理主義の価値観の進展を象徴するのが原子力発電所と言えるかもしれません。今年の三月一一日に起きた福島での原発事故は明らかに人災であり、原発の安全神話の崩壊と同時に、これまでの近代合理主義による精神形成に大きな破れが生じる出来事でした。そしてこの近代合理主義の破れは、私たちに伝統的な共同体から受け継がれてきた大切な価値をもう一度拾い集め、再評価し、共同体を再構成していく契機を開示しているのではないかと思います。換言するならば、私たちは、伝統的な村共同体を支えている原理的なものに戻っていく、原理的なものを確認する作業が必要なのではないかと感じます。たとえば、村共同体においては人間が、神または自然という人間を超えたものによって「いのち」を与えられ、自分と共生している様々な「いのち」を犠牲にして、毎日食べ、息をしているという認識が共有されています。私たちは自然の循環の中に、生きとし生きる者と共に生きているのです。シュヴァイツァーは「生命畏敬の倫理」を提唱しました。シュヴァイツァーは小さい頃から動物や植物に対しても敏感な感性を持っていました。眠る前のお祈りの時、お母さんの祈りは人間のことばかり祈っているといって、お母さんが部屋から出て行った後、自分で動物や植物のために祈ったといいます。生きようとする意志を持つすべての者への共感が必要だと彼は言っています。こうした生命への畏敬の念は、日本の共同体、アジアの共同体にもあります。

また、キリスト教の初期の共同体では、人々は持ちものをすべて分かち合っていたという聖書の記述があります。礼拝をする前には、空腹のまま神に祈る者がいないよう、皆が一緒に食べてから礼拝することも行なわれていました。これをアガペ・ミール（Agape Meal＝愛餐《あいさん》）と呼んでいました。そのようなキリスト教的な共同体の原理は、日本の漁村や農村共同体の中にも、また東アジアの国々にある村共同体に存在していると思います。「分かち合い」という共同体の原理が、近代化の過程で、むしろ封建的なもの、「遅れたもの」として取り扱われてきたわけです。東アジアにおける平和共同体を樹立するために、いま求められている宗教者の役割とは、ガンディーがジャイナ教の不殺生から非暴力運動を編みだしたように、またキリスト教の絶対平和主義の思想から良心的兵役拒否の運動が生まれたように、宗教共同体の根源的原理である「殺すなかれ」、「不殺生」、「いのちへの畏敬」、「分かち合い」など、宗教の基層に戻る発想であり、その具体的な実践ではないかと思います。

三、天罰論を乗り越えて

東日本で起きた三月一一日の震災の直後、石原慎太郎東京都知事が、「東日本の地震と津波は、日本人の我欲を洗い落とすための天罰だ」という趣旨の発言をしました。また、地震の数週間後、雑誌『アエラ』に藤原新也という写真家による被災地の写真とそれに合わせた文章が数ページにわたって掲載されました。その文章の中で、藤原新也は、次のように書いています。「人間の「神」という領域を想像する営為は考えてみれば不思議なことである。その見えないものを在らしめようとする想念が生まれる契機は、遊牧民族においても農耕民族においても「恵み」という自然現象と切り離せない。その私たちが〝生かされ続けてきた〟長い恵みの歴史の中で〝そこに神がいる〟という想念は当たり前のこととして人間生活の中に定着した。だがこのたび、神は人を殺した。土地を殺し、家を殺し、たくさんの善良の民やいたいけな子供たちや無心の犬や猫をもっとも残酷な方法で殺した。」（以下略）

石原東京都知事は、さすがに、「震災は天罰だ」という発言が被災者の人たちの状況にあまりにも無神経であるということに気づいたのか、翌日に謝罪し、発言を撤回しました。写真家の藤原新也の「震災で神が人を殺し、全てを殺した」という趣旨の文章も、被災地の人たちの気持ちを、決して癒すものではないと思います。

しかし、今回のような大きな災害が起きると、保守的なキリスト教関係者や他の宗教関係者からもよく出てくるのが天罰論であり、神が人間を教育するために、人々を殺し、消滅させた、とする、神罰論です。確かに、聖書、特に旧約聖書の中には、天罰論、神罰論の根拠になるような記述がたくさんあります。地震、洪水、干魃《かんばつ》、大雨、イナゴの被害、疫病、嵐、雷、火山の噴火、有名な「ノアの箱船」物語もその一つです。そして、旧約聖書の場合、それらの自然災害にあった人々は、「自然災害は、神によって起こされる」と考えていたことが、明らかです。しかし、その理由がわからず、「何故?」、「いつまで?」という問いが発せられ、神に抗議したり、嘆いたりすることも、よく目にすることです。ヨブ記は、「神は与え、神は奪う」と言いますし、「災害をとり除いてください」というソロモンの祈りなどもあります。同様に、日本の伝統的な神道の信仰の中にも、自然災害は「神の祟り」であるという考え方があるようです。

実は、この問題は神学的に非常に深い問題を含んでいます。キリスト教神学で、通常、これを、神の正義を論じる議論として、神の義と書いて、「神義論」と呼んでいます。「神が全知全能ならば、何故、悪の存在を許すのか」という問題です。これは、大変難しい問題です。この神義論の問いに、誰もが納得する答えを出せたら、ノーベル賞を受賞できるかもしれません。この聖書の創造物語の中で、神が人間を創造した時は、神の全知全能性を抑制して創られたことがわかります。つまり、人間をロボットのようには創らず、神の愛の受け手として、自由を与えたわけです。ですから、人間は神に従う自由もあれば、神から離れる自由もあります。神を愛する自由もあれば、神を非難し、叱責する自由もあるわけです。これに対して、神が自然を創造された時は、自然には人間に与えたような自由は与えませんでした。自然は自然の法則の中で完結するように、自然は自然の法則に従って動くように定められたのです。私には、今回の地震や津波で、「神は人を殺した。土地を殺し、家を殺し、たくさんの善良の民やいたいけな子供たちや無心の犬や猫をもっとも残酷な方法で殺した」とは思えません。地震や津波が起きたのは、時間の経過にともなう、プレートの移動による自然現象であり、海底が震源地であったが故に、津波が起きたのだと思います。これは自然の法則に従った、自然現象であり、神が何かの目的を持って、意図的に地震を起こしたとはとても考えられません。

地震の直後、世界の様々な国々から物心両面にわたる支援が日本に届けられました。歴史、政治、経済的に様々な課題が残されている中国、韓国、北朝鮮からも支援の声と輪が広がりました。東アジアにおける平和共同体はすでに樹立しているのではないかと思える瞬間でした。私たちはすでに潜在的には成立しているかもしれない東アジア共同体において、どこかで自然災害や人的な災害が起きた時、それを天罰論や神罰論で正当化するのではなく、被災者や社会で弱い立場に置かれている人々に対して、それぞれの宗教者が希望や癒しや平安をどのように語ることができるのか、被災者に寄り添って痛みを分かち合うことができるのか。これが宗教者が担うべき大きな課題だと思います。

東アジアにおいて経済的に貧しい状態に置かれている人々、差別され抑圧を感じている人々、天災、人災によって苦しんでいる人々、これらの人々の視線で平和共同体の樹立を確かなものとしていく働きが宗教者の役割だと考えます。ありがとうございました。

東アジアの平和構築における青年宗教者の役割

石川清哲

一、はじめに

先ずは、貴ＩＰＣＲの尽力のもと、本セミナーが開催されたことに厚く御礼を申し上げる。現在私は、ＷＣＲＰ日本委員会青年部会幹事として活動をしている。本セミナーにおいて青年という立場を念頭に、先人から学びを頂きつつ、宗教者ならではの共同体構築に向けての協働を模索したい。就いては、はじめに発足二〇年を迎える日韓青年交流会の近況について、次にＷＣＲＰ日本委員会青年部会の対外協働へのアクションであり、昨年九月に開催されたＷＣＲＰ創設四〇周年記念事業「東アジア青年宗教者会談」宣言について、最後にＷＣＲＰ日本委員会の国際青年組織が実施した「ARMS DOWN！ 共にすべてのいのちを守るためのキャンペーン」活動等について報告したい。本報告が、宗教者による東アジア共同体像の在り方への僅かなヒントともなれば幸いである。

二、日韓青年交流会の近況

初期の活動報告の詳細は、昨年の同セミナーでWCRP日本委員会の田中庸仁先生より御発表があり、ここでは直近の第一〇回日韓青年交流会の概述に止《とど》める。

二〇一〇年二月二三日〜二八日、WCRP日本委員会青年部会とKCRP青年委員会による「第一〇回日韓青年交流会」がソウルで開催され、両国の青年宗教者六〇名（日本からは三〇名）が参加した。「平和をつくりあげるために私たちができること」をテーマに、西大門刑務所歴史館訪問や北朝鮮との国境付近にあるオドゥサン統一展望台等を訪問し、平和学習を重ねた。韓国側から「青年宗教者は、お互いの心を開き、両国の平和はもちろん、北東アジアの平和を定着させるために話し合いたい」等と表明され、日本側からは「築いてきた両国の友情を、北東アジア地域、世界平和のために生かし、協働していきたい」等と述べられ、歴史的悲劇を深く省みつつ、これまでの両国青年宗教者の友好をもとに、北東アジアの平和における協働の模索という新たな局面に至ったことは特筆に値する。

三、東アジア青年宗教者会談について

二〇一〇年九月二五日〜二七日、宗教者をはじめ各分野の指導者が奈良の地に参集し、WC

RP創設四〇周年記念事業「世界宗教者まほろば大会」が開催された。同大会は、一三〇〇年にわたる日本と東アジアの交流を振り返り、多文化が共生する「東アジア共同体」をいかに構築するかがテーマであったが、これを受けてWCRP日本委員会青年部会は、それまで培ってきた諸宗教間対話をベースに、日本、中国、韓国、北朝鮮の青年宗教者による信頼構築を目標とした東アジア青年宗教者会談を計画した。しかし、政治情勢の中で、中国と北朝鮮の青年は不参加となった。とは言え、その宣言文において、青年宗教指導者は「我々の地域における核武装化、軍事化、領土に関する論争や紛争（中略）にもはや耐えることはできない。謙虚さと祈りの力をもって青年はそれらの課題に取り組み、北東アジアの共有される安全保障のために主導的な役割を担うべき（以下略）」と誓い、改めて安全保障・歴史認識等の多くの問題を東アジアが抱えていることを認識しつつ、政治レベルでの解決はもとより、草の根レベルでの真摯な対話と友好が、青年宗教者としての自らの責任であると実感した。また付言して、同大会及び同会談の意図する所は、IPCRの理念と基調を等しくするものと想われる。

四、ARMS DOWN！　共にすべてのいのちを守るためのキャンペーンについて

二〇一〇年、WCRPの青年組織であるグローバル・ユースネットワークは、核兵器の廃絶、通常兵器の増産や誤用の停止、そして、全世界の軍事費の一〇%を削減し、その削減分を国連

ミレニアム開発目標（Millennium Development Goals：ＭＤＧｓ）の達成に充てることを呼びかける署名運動「ARMS DOWN！ 共にすべてのいのちを守るためのキャンペーン」を実施した。その背景は、全世界で一五三兆円を超える軍事費の増大や一〇億人に達する飢餓人口等の危機的な世界状況にある。ＷＣＲＰは、世界で宗教コミュニティーに属する人口が四八億にも達し、これが平和構築への最大規模の社会ネットワークであることに鑑み、宗教ネットワークの持つ可能性が、国際・地域・国の各レベルで実働することを目指している。また、同キャンペーンの基本理念である「Shared Security（共有される安全保障：共にすべてのいのちを守るために）」は、武力による安全保障ではなく、宗教者ならではの生命の尊厳と人々の連帯に基礎を置く安全保障を意味する。この様な展望のもと、キャンペーンは推進され、二〇一〇年一〇月の国連ミレニアムホテルで開催された終了式典では、ＷＣＲＰ国際青年委員会より潘基文国連事務総長代理のセルジオ・デュアルテ国連事務次長に二〇〇〇万人以上の全世界の署名が提出された。日本では同年九月に終了式典が開催され、署名数は一一二七万七四二二名に達した。

またキャンペーンの成果は以下の様に総括される。

①世論喚起、教育、政策提言の幅広い実施

キャンペーンは、「世界六大陸」、「一四〇ヶ国」から、「二〇〇〇万名以上の署名」が集められ幅広く展開した。

②著名な政治家、宗教指導者、民間団体指導者からの賛同と参加

コスタリカ大統領、ネパール及びルワンダ大統領を含めた国家元首がキャンペーンに協力し、広島、長崎をはじめとする三〇〇〇以上の都市の市長がキャンペーンを支持した。

③主要な国際パートナー団体の参加

国連機関をはじめ、全世界で二〇〇を超えるパートナー団体がキャンペーンに参加した。宗教界を超えたその連携は、キャンペーンの可能性を高めた。

④その他関連課題への影響

同キャンペーンは、市民運動である。MDGsの首脳会合での積極的な合意をはじめとする前向きな取り組みに、市民運動が与えた影響を無視することはできないと思われる。「ARMS DOWN!」が目指した核兵器廃絶や軍縮、貧困の撲滅は、世界の共通する問題ではあるが、とりわけ特に、軍事費が増大し、核兵器保有国が多く存在する北東アジア地域にとっては、至極重要な問題であると思われる。こうした動きをこの地域に広げるために、東アジアの青年とさらなる連帯を築いていきたい。

五、結び

以上、WCRP日本委員会青年部会の対外協働のアクションについて概述した。私の信仰す

る仏教では修行者の在り方が以下のように説かれる。曰く、四方の何処にでも赴き、害心あることなく、何でも得たもので満足し、畏れることなく犀《さい》の角《つの》のように歩め、云々。私たち青年宗教者は、各々がその宗教的真実に向け真摯なる修行者である時に、過去の悲劇や文化の違いを乗り越え、理想に向けての協働にあって、既に手を携え出会っているものと想われる。先人に学びを頂きながら、時に未熟ではあるけれども果敢な一人の修行者として、故に理想に向けての掛け替えのない協働者として正精進を誓いたい。恰も蓮華が汚泥に在ってこそ開花するように、現実の直中《ただなか》にあってこそ理想を実現させる歩みを止めてはならないものと覚悟されるのである。

東アジア平和共同体の樹立と宗教の役割（討論文）

白　承権

一、はじめに

まず、山本俊正教授の発表文を読んで、深く共感した部分が多かったことを申し上げたい。私は、この国際会議が、東アジア平和共同体の樹立という遠大な目標に向かって、宗教者が具体的に何をどのように実践していくべきかという問題について悩み、新しいインスピレーションを得られる場となるよう願っている。

この点で、最近、韓国の代表的な仏教団体である大韓仏教曹渓宗が展開している一連の実験や新しい実践を紹介したい。その実験とは、和諍《わじょう》委員会（詳細は後述する）という組織を創ったことをいい、その実践とは和諍委員会を通じて、宗教平和（諸宗教の平和的共存）や「南南平和」（韓国における和解と平和の実践）の事業を展開していることをいう。このような和諍委員会の活動は、東アジア平和共同体の樹立のための意味深いレファレンス（参照事例）として参考にすることができるのではないかと期待している。私が所属している和諍委員会の内部において、これまでまとめてきた諸意見を中心に紹介したい。

二、朝鮮半島――すべての紛争の百貨店

朝鮮半島の現代史は、どこの国の歴史とも比較できない程、苦痛と悲劇に血塗られた歴史である。去る一〇〇年間、植民地化、主権回復、分断、戦争、独裁、近代化、高度成長、民主化、両極化など、朝鮮半島の人々は、人類が経験できるすべての歴史的な事件を圧縮的に経験してきた。

この圧縮的な近代化の過程の中で、伝統的な価値と現代的な価値は相互に調和をせず、そのことがわが韓国社会の甚大な文化遅滞や世代間摩擦の原因となっている。また、同じ民族同士の分断と戦争の経験は、平和と共存のための教訓として受け入れられておらず、甚大な理念的衝突の原因となっている。精神的な価値が経済成長の速度に追い付いていけない中で、階層間における両極化の問題は極めて深刻なレベルに達し、持っている者と持っていない者との間の摩擦は、一層厳しいものになりつつある。民主化は実現されたとはいえ、選挙による政権交代以上の実質的な「民主」の内容や意味は作り出し得ない状態に留まっている。こうした中で、世代間・性別間・階層間における摩擦と紛争の様相は、政治・経済・社会・文化のすべての領

域において、日増しに激しくなりつつある。しかし、このような状況にもかかわらず、法律制度及び諸社会機構は、摩擦や紛争の解決のための実質的な調整装置としての役割を果たせないでいる。

南と北の摩擦は、一層深化しつつある。最近発生した延坪島砲撃事件で分かるように、南と北との摩擦は、きちんと管理されなければ、戦争という極端な状況にまでエスカレートしてしまう恐れがあるということを如実に表している。南と北との摩擦は、韓国社会の内部に再び投影され、保守と進歩との間及び与党と野党との間において、「南南摩擦」を再生産している。

今日、韓国社会においては、このような現実問題以外にも、考えるべきもう一つの問題が存在する。それは、多元性の問題である。多元性は、今日における韓国社会の重要な特徴であり、条件となっている。外国人労働者の流入や国際結婚によって多様な文化が入ってきており、また宗教的には、仏教・天主教（カトリック）・プロテスタント・円仏教・儒教・天道教・諸民族宗教・イスラームなど、多様な伝統と価値観が共存している。こうした中で、すべての人が同意できる普遍的な尺度や基準を設定するのは不可能であるだけではなく、「普遍」という観点そのものが一種の「暴力」かもしれない。

三、韓国仏教の新しい実験——和諍委員会

対立と紛争、そして「一つ」の観点のみを貫徹してはならない多元性を特徴とする現実状況において、統一新羅の高僧元暁《がんぎょう》（六一七―八六）の「和諍の思想」は、われわれに示唆するところが多い。和諍の出発点は円融無碍な悟りの地平ではなく、互いに争い、競争する現実世界の地平にあるからである。七世紀の当時、朝鮮半島の仏教界は、性格を異にする様々な仏教経典をめぐる多様な解釈が共存する一方、経典の権威をめぐって互いに争い合っていた混乱の時期でもあった。元暁は、個々の経典の個性や特性を認めながらも、「仏説」という一つの体系を以て、様々な解釈や主張を統合しようとした。元暁は和諍を、真理でも真理に対する主張でもなく、「真理に到達するための手続きと方法」と捉えていた。「皆是」（皆正しい）という大肯定を通じて、相違を多様性として受け入れ、「皆非」（皆正しくない）という大否定を通じて、個別的な相違を超えてもっと大きな真理に到達できるように、実践的な努力を行なったのである。

大韓仏教曹渓宗は、このような元暁の「和諍の思想」に基づいて社会的な対立と分裂を仲裁するために、二〇一〇年六月八日、和諍委員会（委員長：道法僧侶）を発足させた。和諍委員会は一年余りの活動期間を通じて、韓国社会における反目と摩擦を治癒し、社会的大統合を成就させるために、様々な活動を行なってきた。和諍委員会は、開かれた真理の精神に立脚して教派を超える立場を堅持し、個別の多様性を認める中で、社会的共通の善を具現するために尽力している。以下は、本委員会が行なっている事業の具体的な例である。

四、韓国における和解と平和の実践（南南平和）、宗教平和（諸宗教の平和的共存）

最近、和諍委員会がエネルギーを注いでいる分野は、韓国における和解と平和の実践並びに諸宗教の平和的共存の問題である。

1、韓国おける和解と平和の実践

現在、南と北はいずれも相互関係を改善したいという意思があるにもかかわらず、主導権争いなどの問題により、南北間対立を解決できる糸口がつかめない状況にある。また南側社会の内部にも、保守と進歩、与党と野党などに分けられ、互いに反目・対立している。

南北問題を解決するためには、わが韓国社会における合意の水準を高め、合意されていない部分は相互間の相違を尊重し、政策的に競争するという「平和の規則」を樹立する必要がある。

曹渓宗は、南北間における緊張や南側社会の内部における意見の対立を緩和させるために、今年（二〇一一年）から「和解と平和」の事業を推進してきた。「和解と平和」は、個別宗教の力だけでは実現できない事業である。従って、宗教界全体が力を合わせて推進しなければ、良い成果は期待できない。

この事業が公式化すれば、南北関係に関連した社会的な合意を拡大できるような提案を行ない、国民キャンペーンなどを通じて大いに推進するつもりである。現在、この事業は宗教界に向けて提案されており、今後、実務的な検討を経て公式化する予定にある。

2、宗教平和（諸宗教の平和的共存）

すべての宗教が共存できる土台や基準を作ることによって、国民が各自の宗教・信仰活動を相互尊重の精神に立脚して平穏に行なえるようにするつもりである。

宗教平和のために、韓国の代表的な宗教団体は、学界や市民社会と共に共同の宗教平和宣言を発表し、これを実現させるために様々な活動を展開する必要がある。ひいては、宗教は、宗教間の平和的共存のための制度と文化を作り出すことによって、国家と社会の主要な責任者としての役割を果たさなければならないであろう。

これに関連して、和諍委員会は、去る八月二三日、仏教のレベルで宗教平和に対する基準や指針を定めるために、「宗教平和の実践のための仏教徒宣言――21世紀アショーカ宣言」（草案）を発表した。

この宣言は、①総論、②宗教平和のための仏教徒の立場と実践、③宗教平和のための仏教徒の誓願という三つの部分に分かれているが、その各部分の内容は以下の通りである。

「総論」では、多人種・多文化社会において宗教を互いに尊重し合い、「相生」できるような平和な生活様式を謳っている。これは、仏教の縁起的世界観及び紀元前三世紀にインドのアショーカ王が石柱などに刻み入れて残した文章に拠っている。また、宗教間の摩擦に鑑み、仏教徒が他の宗教の信徒を隣人と思うに十分ではなかったことを反省している。

「宗教平和のための仏教徒の立場と実践」には、①開かれた真理観、②宗教の多様性に対する尊重、③伝法と伝教の原則、④公的領域における宗教活動、⑤平和を通じた実践など、宗教平和のための具体的な基準と指針が提示されている。

「宗教平和のための仏教徒の誓願」は、お釈迦様の教えを大事にするのと同じように隣の宗教の教えも重んじ、隣の宗教の信徒と共に、苦しめられ疎外されたすべてのいのちの安楽と幸福のために慈悲と愛を実践する、という誓約である。

この宣言が発表されると、宗教界のニュースとしては異例的に主要な日刊新聞の第一面のヘッドラインとなり、またインタビュー・社説・コラムなどといった様々な形で掲載された。

「曹渓宗が率先して自分自身に鞭を当て、宗教間の理解と平和を誓願したのは意味深いことである。この宣言を契機に、他の諸宗教が平和に共存でき、各宗教が内部の改革を通じて、世を救済するという宗教本来の任務を取り戻さなければならない」（朝鮮日報社説）。

「大宗教であれば須《すべから》く備えているべき極めて正常な徳目と言わねばならないであろう。それにもかかわらず、新鮮な感じがするのは理由がある。人々は、普段、平和や安息を与えるどころか、それとは反対に、独善と我執、貪欲、そして他の宗教に対する排他主義にかぶれている宗教を見ているためである」（京郷新聞社説）。

言論の熱い反応は、宗教間の摩擦を解決し平和を定着させることこそ、わが社会の緊急課題であるということの反証である。和諍委員会は、「宗教平和の実践のための仏教徒宣言――21世紀アショーカ宣言」を実現させるために努力する一方、隣の宗教と共に行なう「凡宗教平和宣言」を導き出すためにも、最善を尽くす予定である。

最後に、和諍委員会委員長の道法僧侶の文章を引用して筆を擱《お》きたい。

日本で発生したわれわれの想像を超える大災難は、精神を引き締めて真理の道を求めるようにする強力な警告と共に、二つの教訓を与えている。一つは、生命と平和を離れたものは、いずれも無意味であるという厳重な教訓であり、もう一つは、地球という星とわれわれ皆は、もとより一家、一村、一家族、一兄弟であるという事実の証明である。地球という星に同乗しているわれわれ皆は、共に生きていかなければならない運命共同体であり、同伴者である。……究極的には、「地球村生命平和共同体」、現実的には「朝鮮半島生命平和共同体」へ向かっていくわれわれの夢は、すべての生命《いのち》の永遠の念願であり、二一世紀に住むわれわれ皆の希望である。わが家族、わが兄弟の懇切な念願には、誰かが応えなければならないのだが、それは誰であろう。天地四方を見回してみても、朝鮮半島、我が社会に今日を生きている宗教者以外には、誰もいない。

（翻訳・金永完）

「東アジア共同体」の構築と宗教の影響

于　瑩

〈摘要〉

東アジア地域の宗教文化は、儒家・道家・仏家思想の影響を深く受け、東アジアの宗教の「多元通和」（各宗教はそれぞれ独立しながらも、仲睦まじく共存する）というモデルを形成している。東アジアの中国、日本及び韓国の宗教は、更なる「世俗化」を強調し、礼儀道徳を重視し、「済生行善」（生命を救い、善を行なう）を主要な掟にし、生命に害を及ぼすことを最も大きな罪悪にし、神を信じることと人を救うこととを結合することによって、東アジア地域においては人文や理性が終始主導的な地位を占有している。東アジアの宗教は、多様・和睦・共生という特色を持っているので、これらの特色は、東アジア諸国相互間における交流・協力を促進するために、東アジア各国の共通の利益の模索を導くことができ、「東アジア共同体」への発展を推進するために、強力な支援を提供している。

「東アジア共同体」は、地理的に近隣である東アジア各国がEUやアフリカ統一機構（OAU）に倣って、長期にわたる相互協力と一体化の過程を通じて形成しようとする一つの緊密な形の地域協力組織である。これは、東アジア諸国の地域アイデンティティと共同利益を基盤にして樹立される一つの非排他的な組織で、この地域以外の如何なる国家や組織に対しても、対立的なものではない。「東アジア共同体」の構築は、地域経済の一体化を基盤にし、自由貿易地帯や貨幣連盟などのような国家間における様々な形態の協力を通じて、利益が交錯しながらも相互連結によって一体となった一種の緊密な状態を創り上げることで、かつこれに基づいて一層発展した安全共同体や社会共同体である。

「東アジア共同体」の構築は、東アジア諸国をして共同利益を増進させ、危険を共に分担し、東アジア各国間の政治関係を有効に改善できるようにし、東アジア地域の経済・社会及びその他の各分野における共同発展を推進するものである。

「東アジア共同体」の構築が東アジア諸国に多くの利益をもたらしてくれるとはいえ、われわれは、紆余曲折を経て成立したEUとNAFTA（北米自由貿易協定）の発展過程から見れば、「東アジア共同体」の発展も順調に進行しない可能性があり、またその発展の過程も、多くの困難と挑戦に直面する可能性があることを知るべきである。例えば、東アジア諸国の間には、経済発展のレベルと政治制度において、極めて鮮明な差異が存在している。また歴史的に見れば、日本は他の国を侵略したことがあり、国家間における領土の紛争も存在しており、朝鮮半島は危機を抱えている。共同体の未来における主導権及び共同体の樹立の過程における米国の影響などの問題は、いずれも「東アジア共同体」の構築をして様々な挑戦に直面させ、またその発展途上において数多くの不確定の要素に直面させている。

「東アジア共同体」の構築に関する資料の研究を通じて、われわれは「東アジア共同体」の構築に対する大多数の人々の関心の焦点が、「東アジア共同体」の構築に影響を与える要素は何かという問題に絞られているということを知ることができる。例えば、「東アジア共同体」の構築に影響を与える要素について具体的に研究を行なってみると、大多数の人々が注目しているのは、権力・利益・制度及び政策などの要素の変化が、どのように東アジア諸国の行為や相互作用に影響を与え得るのかという問題である。しかし、文化や宗教の視点から「東アジア共同体」の構築の問題を論じているものは、極めて少ない。以下、簡単に研究・討論を行なってみよう。

一般的な状況の下では、宗教の問題と文化の問題はいつも複雑に結合していて、容易に切り離すことができない。広義の角度から言えば、文化は一つの民族の生存方式である。しかし、狭義の角度から見れば、文化は一つの民族の精神・気質及び価値の体現であり、宗教は文化の信仰的表現の形式である。従ってわれわれは、東アジアの宗教が「東アジア共同体」の構築に与える影響について論議を行なうと同時に、東アジアの文化についても論じなければならない。

われわれの東アジアの宗教は、根源的に一神教の伝統はなく、多神教と神人一体の思想は、古代から現在に至るまでの文化的基礎を形成している。このために、東アジア地域は、多神・多教の伝統が形成されているだけではなく、外来の世界的な宗教を比較的容易に受け入れられ、かつこれを「東方化」させている。表面的に見れば、東アジアにおける宗教の種類はとても多く、乱雑を極めている。しかし本当はそうではなく、先述のように東アジア地域の宗教文化は儒家・道家・仏家思想の影響を深く受け、東アジアの宗教の「多元通和」というモデルを形成し、それなりの特色を具えているのである。

第一に、仲睦まじく共存することである。東北アジアの中国、日本及び韓国の宗教は、更なる「世俗化」を強調している。東北アジアの比較的多くの人は、大乗仏教・道教・神道などを信奉しているが、西洋の勢力が侵入してきて以来、キリスト教の信者も日々増加の一途にある。中国における一部の少数民族がイスラームを信仰しているのを除いて、イスラームは基本的に東アジア地域には伝播されなかった。ところが東南アジアの宗教の状況は比較的複雑で、ある学者は、「東南アジアは、当今の世界において宗教が一番多くて複雑な地域である」と称するに至った。東南アジアの宗教の顕著な特徴の一つは多様性であり、東南アジア各国は宗教性が比較的強いいっぽうで、大多数の東南アジアの国家は皆、主導的な地位を占めている宗教を一つだけ持っているわけではない。多くの東南アジア人の信仰は、主として一つの宗教を持っていながらも、二つの宗教、三つの宗教あるいは多くの宗教を兼ねて信仰することが習慣化しているが、これはキリスト教やイスラーム世界では想像すらできないもので、全く許容される余地がない。米国やヨーロッパには多くの宗教が存在しているが、宗教と宗教との間や教派と教派との間の境ははっきりしていて、信徒たちは交叉して信仰することはできない。これはまた、東アジアの宗教には摩擦が少なく、西洋の宗教には摩擦が多いという問題の一つの重要な原因となっている。東アジア人は、自分たちの伝統的な信仰を放棄せず、これと同時に自然な形で伝来してきた外来宗教を抱擁することによって、極めて広範な多様性を形成してきた。今日に至るまで、政治的な介入によって発生した宗教間の衝突を除いて、諸宗教間の主流の関係は、仲睦まじく、相互抱擁し、多元的な共生ができているので、東アジア地域では信仰の相違に基因する――他の地域において見られるような異端に対する迫害に類似した――宗教的な闘争はまだ出現していない。

第二に、東アジアの諸宗教は、礼儀道徳を重視し、「済生行善」を宗教の主要な掟にし、生命に危害を加えることを最も大きな罪悪にし、神を信じることと人を救うこととを結合することによって、人文や理性が終始主導的な地位を占有している。儒・道・仏の三大宗教は、いずれも善悪を超越した絶対的な唯一神の存在を認めていない。そして、東アジアの宗教は神学的な宗教を超えて道徳宗教となり、人々をして宗教に容易《たやす》く熱狂しないようにさせ、容易く宗教の名を騙《かた》って異端を迫害すること、並びに命を持っているものを殺傷する行為を起こさせないようにしている。このような深奥な道徳的文明の伝統はまた、外来のイスラームとキリスト教を改善・最適化し、「信（信仰）は義より高い」という保守的な観念を有効に弱化させ、「義こそ正しい信仰である（信は義から）」という観念を樹立した。まさにこのような理由により、東アジアの宗教には人文への配慮と人間学の知恵が充満しており、反理性・反人類などの極端な考え方は容易に形成できないのである。

以上、東アジアの宗教における幾つかの特徴を紹介したが、これは一体、「東アジア共同体」の構築とは如何なる関係にあるのか。

既存の理論を通じて、われわれは、類似した文化や歴史的背景を持っている地域における地域協力のレベルは皆、比較的高いということを知ることができる。換言すれば、もしもある地域の民族文化が同質に傾斜していれば、それはその地域の協力活動に役立つこととなる。他方、異質の文化を持っているある地域の国家間において、一層広い範囲や高いレベルで地域協力を行なおうとすれば、その国民の主要な任務は、互いに異なる文化を超えて地域内において共通の文化を創出し、その地域内にある国家間に地域協力体制の構築と、権力・範囲及び制度などへの共通認識を容易に形成できるようにしなければならない。しかし、文化の発展の過程において、一つの文化の類型が他の文化の類型に遭遇し、それを吸収して発展していく際に直面する最初の問題は「共同体意識に対する同一視（アイデンティティ）」の問題であろう。「共同体に対する同一の共同体意識」（アイデンティティ）の形成の過程がなければ、根本的に、吸収と融合の問題は論じることができない。従って、文化を超えた「共同体意識」（アイデンティティ）は、地域共通の文化を形成させ、その上にさらに地域協力の基礎あるいは前提となるものの造成を促進する。

現実的状況から見れば、東アジアの地域文化の差異性や多様性も、確実に地域の構成国間における協力的な発展を阻害することとなる。東アジア地域の諸国間の協力は一定の成果が得られているとは言えるものの、ヨーロッパにおける一体化の過程から見れば遥かに立ち遅れており、地域内には強大な共通文化に対する同一意識（アイデンティティ）が形成されていない。東アジアの人々が、地域協力のために推進力と精神的支持を提供できないということは、その立ち遅れの主要な原因の一つである。われわれは、「東アジア共同体」の構築は、一つの果てしなく長い過程であるということを知らなければならない。例えば、ＥＵにとって重要な象徴的な意義を持っている通貨「ユーロ」は、五〇年間という時間を経て誕生した。われわれは、いち早く成功するために急ぐことはできないのである。

東アジア諸国間では、しばしば、数多くの政治的な要素によって、国家間の関係が突然冷たくなったり、また突然熱くなったりしてしまうので、東アジア諸国間では、民間レベルの交流を強化していかなければならない。そうすることによって、理論的に言えば、不必要な政治上の摩擦を減少させることができ、東アジア共同体の構築作業は有利になるのである。私は、東アジアの宗教は、多様・和睦・共生という特色を持っており、これらの特色は、東アジア諸国相互の交流・協力を促進するために、東アジア各国の共通の利益を導き出すことができ、「東アジア共同体」の発展を推進するために、強力な支持を提供することができると思っている。頻繁かつ広範囲にわたる善意・友好的な往来・交流は、今後、「東アジア共同体」の構築を早期に実現させ、その結果として、東アジア諸国と各国の人々は、早期に利益を得ることができるであろう。

（翻訳・金永完）


【参考文献】

俞新天「民族、宗教和文化——东亚发展与合作中的重要因素」、载『世界经济与政治』二〇〇三年第二期、第四五页。

马丁「试论东南亚宗教的特点」、载『历史教学』一九九六年第三期、第八页。

曹锡仁『中国问题论』社会科学文献出版社、二〇〇一年版、第一二四页。

山本俊正教授の発表文「東アジアにおける平和共同体の樹立と宗教の役割」を読んで

陳　晟秀

一、犠牲者に対する追慕の辞

論評を行なう前に、去る三月一一日、不意の天災地変によって高貴な命を失われた日本の犠牲者の冥福を祈り、犠牲者のご家族の皆様にも、心から謹んで哀悼の意を表する。くれぐれもいち早く東日本地域の被害復旧や再建が成功裏に行なわれるよう、両手を合わせて祈願する次第である。

二、発表文の内容の要約

山本俊正教授（以下、筆者）の論文の内容は、大きく三つの部分から成っている。

まず、冒頭では、三月一一日に発生した東日本大震災についての便りを伝えながら、五年前に訪問したドイツのヴィッテンベルクの「城教会」について紹介している。次に、日本の歴史教科書の問題を例に挙げ、東アジア平和共同体の構築のためには、加害の歴史と責任を認めることが先決条件であるということを強調している。最後に、東アジア平和共同体の建設のための宗教者の役割を、三つにまとめている。それらの具体的な内容は、以下のように要約することができる。

第一に、筆者は、ヴィッテンベルクの「城教会」の裏に保存されている豚の彫刻を見た時に、ドイツ教会がユダヤ人を差別していた自分たちの恥ずべき歴史を忘れないためにその豚の彫刻を「歴史の教科書」として用いていることを知り、大きな感銘を受けたと述べている。これと同時に、日本における「臭い物には蓋をする」あるいは「過去は水に流す」というような歴史に対する認識の問題を指摘している。特に、日本が過去の歴史の中で犯した罪を忘却するのは、実際に犯した罪以上に重い罪であると強調している。

第二に、筆者は、最近一〇年間、日本の歴史の教科書に対し、韓国や中国が行なった抗議の内容を紹介している。即ち、日本の多くの歴史教科書が「従軍慰安婦」に関連した内容を削除したことと、「南京虐殺」の内容を修正したことなどについて言及しながら、東アジア平和共同体の構築のためには、真実を隠さないという真の意味の勇気が必要であると強調している。例えば、宗教者たちが教会で自分たちの罪を認めて告白し、赦しを求め、悔い改めて新人（過去に犯した罪を悔い改めて、新たに信仰生活に入った人）になるのと同じように、日本の宗教者たちも加害の歴史を不断に想起する努力をしなければならないと主張している。

第三に、筆者は、東アジア平和共同体の建設のために行なうべき宗教者の役割を、三つに分けて提示している。即ち、①共同体が加害及び被害の集団的記憶に向き合うことが世代を超えて続けられるように触媒の役割を果たすこと、②宗教共同体の根源的原理である「殺人や殺生をしてはならない」、「命に対する畏敬」「分かち合い」などといった宗教的基盤に戻ること、③東アジアにおいて経済的に苦しく、差別や抑圧を受けている人々、天災地変や人災によって苦しむ人々の視線を通じて平和共同体を樹立していくこと、などである。

三、発表文に対する感想

評者は、筆者がこの論文を執筆するようになった根本的な問題意識や真実の告白が込められている文章を読みながら、強い感銘を受けた。特に、「神の前に立っている単独の者」の観点から宗教的実存に言及し、えてして個人的な次元に留まりがちな諸問題について、共同体の観点からその解決を試みていることから、筆者の真摯な悩みに一層共感することができた。また、近代合理主義の象徴物としての原子力発電所に触れ、「伝統的共同体から継承してきた貴重な価値」について再評価する必要性を喚起したことに対しても、全面的に同意したい。

それにもかかわらず、本国際学術会議がより多様なテーマについて幅広く議論する過程において、創意的なアイディアが提示され、さらには具体的な方案が導き出されればという心を持って、東アジア平和共同体についての評者の基本的な立場を明らかにし、かつ些少ながら幾つかの質問を加えることによって、評者としての責任を尽くしたい。

四、「東アジア平和共同体」構想に対する評者の立場

「東アジア共同体」は、二〇一一年一一月、「東南アジア諸国連合(ASEAN)+3」首脳会談から委任を受けた研究グループが、「東アジア共同体を志向しながら――平和・繁栄・進歩の地域」という報告書を提出した時から本格的な議論が始まった。その後、東アジア共同体の構成についての様々な方案が検討されたが、依然として不透明な状況にある。それには様々な理由があると思われるが、大きく言えば、次のような二つの理由が挙げられよう。

第一に、歴史的に東アジア地域においては、関係諸国の間で真の意味の協力関係が形成されたことがない。従って、東アジアにおいては様々な構造的・制度的制約により、ヨーロッパ連合(EU)のような政治・軍事・社会・経済・文化を包括する共同体が形成される可能性は希薄である。このような悲観的な状況において、東アジア共同体の設立と平和の構築という重大な課題は、特定の政治指導者個人の決断と宣言によって達成できるものではない。また、ある一国が共同体の設立を主導するからといって、直ちに成就できるようなものでもないであろう。

第二に、東アジア地域の特性上、国家の主権問題にかかわる領土紛争や歴史教科書の問題などについて、相互理解的なアプローチをせずに、平和共同体の問題について議論を行なうのは、極めて非現実的である。これらを解決するために、東アジア諸国は、たとえば領土問題に関しては、多国間の交渉による解決方法や規則を用意し、ASEAN地域フォーラム（ARF）などを活用し、多国間の安保協力機構の設立の問題についても、議論を行なってきた。しかし、ASEAN地域フォーラムを実質的な東アジア多国間安保機構という体制に変えていくには長い期間が必要とされ、かつ様々な問題が存在する。

評者は、東アジア平和共同体を構築するためには、まず韓国・中国・日本の間で、真の意味における和解と相互理解・協力が伴わなければならないと思う。しかし、毎年繰り返されている日本の歴史教科書の問題や日本の総理大臣の靖国神社参拝の問題などによって、三国の歴史問題の解決にはブレーキが掛かってしまう。一層もどかしいのは、このような論難が起こると、それまで数年間積み上げられた相互理解と協力のための諸努力が水泡に帰してしまったり、あるいは再び迷宮に入ってしまうという点である。

しかし、筆者が言及したように、日本はいま戦後六六年のなかで最大の災害を経験しているが、今こそ、韓・中・日三国が歴史や領土の問題を越え、真の意味の理解と協力を図ることのできる絶好の機会とも言える。なぜならば、危機と機会はいつも同時に訪れるというのは、不変の歴史の教訓だからである。

現代社会は、急速な国際化・世界化の潮流の真っ只中にある。東アジアも、決してこの例外ではない。従って、必然的に経済的な相互依存関係が強まり、国境を越える資本と商品の交易が盛んになるわけである。これと同時に、この地域内の諸国間の結束と協力を強化するための地域主義も強められている。特に東北アジアは、世界化の潮流の真っ只中にあるにもかかわらず、民族主義に基づいた先鋭たる摩擦に包まれている代表的な地域である。例えば、領土問題及び歴史認識の問題並びに北朝鮮の核問題という安全保障上の問題は、東北アジア諸国における民族主義を一層強化させる結果を招いているのである。これにより、東北アジアは、世界化・地域化・民族主義化というものが、同時に進められているという特徴を備えている。こうした状況の下で、東アジア共同体の創設についての関心が次第に高まり、最近では、「東南アジア諸国連合(ASEAN)+韓・中・日」という地域共同体の建設が提案されるに至ったのである。『東北アジア共同の家――新地域主義宣言』の著者和田春樹教授は、真の意味の東アジア共同体を構築するためには、まず「東北アジア六カ国(韓国・北朝鮮・米国・中国・日本・ロシア)とモンゴル」から成る東北アジア諸国連合(ANEAN)を設立した後、ASEANと統合するのが、最も望ましい方法であると主張している。また彼によると、「東北アジア共同の家」の構築には、韓国や東北アジア地域に居住している東北アジアコリアンが、枢要な役割を果たさなければならない。即ち、かつて日本が提唱した日本中心の大東亜共栄圏ではなく、朝鮮半島が中心となる新しい地域主義の創設を主張しているのである。さらに和田教授は、東北アジアにおいて「共同の家」の建設が可能であるとすれば、「全人類の共同の家」の建設も可能となるということを強調している。和田教授のいう「東北アジア共同の家」は、北朝鮮の核問題などといった安全保障に対する危機の克服、緊急事態に備えた相互援助体制の整備、共に守る環境保護体制、FTA（自由貿易協定）のような経済共同体の形成、国家間の文化交流などを骨組みにしており、究極的には政治・安保共同体への発展を志向する。

東アジア共同体を如何なる形で推進させるべきかという問題については、様々な意見が存在する。しかし、東アジア共同体を「ASEAN+3」という体制で推進させるべきか、それともひとまずANEANを形成させた後、「ASEAN+ANEAN」という形で推進させるべきかという問題は、決して相互排他的な性質のものではない。例えば、経済協力は「ASEAN+3」という体制で推進し、安保対話は、ANEANを基盤として、地域共同体へ発展させていくことも可能であろう。例えば、北朝鮮の核問題から分かるように、共同の安全保障体制の確保は、共同体の存立の基本的な条件と言える。従って、地域問題の解決において多国間の枠組みとして運用されている六カ国協議を一層発展させ、それを以て東北アジア共同体の建設の礎にするのも、検討に値する方策であると考えられる。現在、六カ国協議は、北朝鮮の核問題の解決という暫時的な目的で運用されているとはいえ、「東北アジア非核化地帯の構想」は、北朝鮮の核問題を解決した後に、六カ国協議を地域共同体に発展させ得るという重要な役割を担う可能性もあろう。

以上のような「東北アジア共同の家」は、人によってはユートピア（理想郷）に見える可能性もある。しかし、このようなユートピア志向は、われわれの認識の変化と行動の転換のための重要な契機ともなり得ることを、肝に銘じなければならない。要するに、問題の核心は、東北アジアの政治家や経済界の人々や韓国・中国・日本全体の国民の認識の変化にあるのである。このような意味深い変化を導き出すためには、東北アジアにおける関係分野の専門家、市民団体並びに宗教者が対話を行ない連帯して、政府や政治家たちを説得し理解させ、共に共感できるものを積極的に形成・拡張していかなければならない。この点で、「東アジア共同体を構築すべきか」についての可否ではなく、果たして「どのように構築すべきか」という問題に、焦点が合わせられなければならない。

五、筆者に対する幾つかの些少な質問

①――最近、東アジア共同体が必要であるということについて、韓・中・日をはじめとする東アジア諸国の間では、大きな異見はないようである。しかし、具体的な方案をめぐっては、「同

床異夢」である部分も少なくないと思われる。東アジア共同体についての論議が、単なる「想像上の共同体」に変質してしまわないようにするためには、具体的に何が必要であると考えていらっしゃるのか。宗教者として、また東アジアの知識人として果たすべき役割には、如何なるものがあるであろうか。

②――評者は、近代以前においても、東アジアでは一つの地域秩序を形成していたことがあると考えている。それは、中華思想を中心とした秩序体系である。この秩序は、「事大」という道徳的コードと「朝貢」という軟性権力（Soft Power）に基づいて具現された地域秩序であった。しかし、「事大主義」に基づいた中華帝国の秩序は、一八九五年、清が清日戦争で敗北することによって崩壊してしまった。その後、日本は、中国を「支那」という概念に相対化させ、アジアにおける新しい盟主になるために、「大東亜共栄圏」という概念を作り出した。しかしこれも、日本の「大東亜戦争」での敗北によって、座礁してしまった。結論的に、中国が軟性権力（Soft Power）に基づいて東アジアを制覇したとすれば、日本は、硬性権力（Hard Power）を通じて東アジアを掌握しようとしたと見ることができる。しかし、こうした中国と日本を中心とした過去における東アジアの地域秩序は、決して平和と共同繁栄を目的とする水平的な関係（横的関係）ではなかった。このような側面からして、筆者は、東アジア共同体についての議論が「帝国的」な性格から脱却するための前提条件は、何であると考えていらっしゃるのか。

③——二〇一一年八月に選出された新しい総理である野田佳彦は、九月一〇日に発刊された月刊誌『Ｖｏｉｃｅ』に掲載された「私の政治哲学」という文章を通じて、「東アジア共同体のような大きなビジョンを取り上げて論じる必要はない」と述べた。「東アジア共同体の構想」は、日本の民主党の初期の外交政策の基本的な方向であった。しかし鳩山由紀夫元総理大臣は、沖縄米軍基地の移転の問題をめぐって米国と摩擦を起こし、わずか九カ月で退任するに至った。後任の管直人総理は、東アジア共同体の構想についていては、何の言及も行なわなかった。このような状況で新しい総理に選出された野田総理は、『Ｖｏｉｃｅ』誌に寄稿した文章の中で、「二〇一二年には、多くの国において指導者が変わる。権力の交替期間には波風が起こりやすい。……我が国の領土を守るために、主張すべきものは主張し、行動すべきことは行動しなければならない」と強調した。断言することはできないが、今後、領土問題をめぐる日本政界の雰囲気は、ある程度強硬論に傾斜していくように見える。このような状況の下に、日本の宗教者として、また東アジアの知識人として、どのような役割を果たすことができると思っていらっしゃるのか。

④——現在も、毎週開催されている「従軍慰安婦の真実を究明するための水曜集会」は、「日本の大震災の犠牲者に対する追悼・慰霊」に転換して進行されたことがある。これは、多くの人にとって、「未来への扉を開けるためには、過去を清算しなければならない」というメッセ

ージとして受け入れられた。こうした脈絡で、最近、軍事的な緊張関係が一層高まっている東北アジアにおいて、領土紛争と歴史問題に対し、宗教者の果たし得る具体的な実践方案としては、どのようなものがあるであろうか。

⑤――原子力発電所は、日本に五四基、韓国には二一基がある。この中で日本の三三基と韓国の一〇基は、東海（日本名：日本海）を取り囲んで建っている。地震と津波が頻繁に発生していない韓国においても、人災による事故が発生する可能性を、完全に排除することはできない。万が一、東海周囲の原発四三基の中で一カ所でも不意の事故が発生すれば、東海（日本海）は「死の海」になってしまう可能性がある。このような状況の下で、われわれはどうすべきであると考えていらっしゃるのか。日本の宗教者が日本において実践できる具体的な方案並びに、韓国や中国の宗教者または知識人たちが核問題や環境問題に対して果たすべき役割についてお聞きしたい。

平素、研究室の中でしか研究したことのない東アジア共同体の問題について、再び考える契機を提供して下さったIPCR及びKCRPの関係者の皆様に感謝を申し上げる。特に、東アジア平和共同体の樹立の問題について、真摯に反省できるように多くのインスピレーションと教えを賜わった山本教授に、謝意を表す。

（翻訳・金永完）

特別報告（スペシャル・レポート）

アジアの平和のために

――「三・一一　東日本大震災」は何を意味するのか――

アジアの平和のために——「三・一一東日本大震災」は何を意味するのか——

柳　浄拮

一、日本最大の複合災害——二〇一一年三月一一日、その日どんなことがあったのか

三月一一日、午後二時四六分、宮城県沖一三〇km地点でマグニチュード（M）九・〇(＊1)の地震が発生した。岩手県、宮城県、福島県、茨城県などで最高震度七の振動が観測された。東京付近も長周期地震動で高層ビルが大きく揺れ、いくつかの建物が破壊されて館内の施設が壊れたり、四〇四万世帯が停電、四七万世帯が断水になった。また、茨城県では三七六戸の住宅が全壊、二一五六戸の住宅が半壊した。千葉県では液状化現象が発生して地面が割れ、六四五戸の住宅が全壊、一五二一戸の住宅が半壊した。そして、東京の隣にある市原市の石油コンビナートの製油所の高圧ガスタンクで大規模な火災が発生した。これだけではなく、首都圏の交通は麻痺し、新幹線や地下鉄の運行が中断した。

地震よりも深刻な第二の被害は、まさに津波による被害だった。地球の表面を構成している一〇枚以上の板（Plate）のうち、四枚が日本付近で交差している。その中の太平洋プレート（海洋プレート）が北アメリカプレート（陸地プレート）の下に沈み、地震が発生した瞬間、その境界部分で押されたプレートが復帰しようと跳ね返ってきて、海岸線方向に長さ約五〇〇km、幅二〇〇kmの範囲の破壊が起こり、その振動が津波を引き起こした。東北地方の沿岸で高さ六メートル以上の津波が発生、大船渡で一一・八メートル、釜石市と宮古、石巻で、それぞれ九・三メートル、七・三メートル、七・七メートルの津波が押し寄せた。最も広範な被害地域である仙台と相馬地区には一〇〇メートル陸上短距離選手の速度に等しい秒速一〇メートルの津波が八・九メートルの高さで押し寄せ、場所によっては一五メートルの高さに達した所もあった。[*2] これにより、東北地方の東海岸の主要都市や海岸、島などはほとんど焦土と化した。SF映画にでも出てきそうな超現実的な場面が北東部の海岸線に沿って五〇〇kmも繰り広げられた。

五〇〇kmといえば、韓国の元山から釜山までの距離である。この地域に集中している多くの工場設備だけでなく、海岸近くの水産業の設備はほぼすべて流され、七月二一日現在で死者一万五六四一人、行方不明者は五〇〇七人、負傷者五六九八人、避難者一〇万〇七八五人を超える未曾有の災害が発生した。[*3]

しかし、深刻な災害は、ここで終わったわけではない。東日本大地震で、未だに危険が続いている第三の災難は、まさに福島第一原子力発電所の炉心溶融事故である。原発は地震で自動的に稼動が中断したが、継続する放射性崩壊による熱を冷却するための非常用炉心冷却装置（ECCS）が津波で破壊された。また、外部電源も遮断され、非常用ディーゼル発電機まで障害が発生し、最終的に燃料棒を包んでいるジルコニウムが高温で溶けてしまった。これが水と反応して水素を発生させ、一、三号機が爆発し、二号機は水位が上がらなかったため、燃料棒が露出した。そして、四号機は燃料棒を集めたプールで火災が発生した。現在、一―三号機ではメルトダウン（炉心溶融）よりさらに深刻なメルトスルー状態に陥っているとみられる。大気中に放射性物質が広がり、海に汚染水が流出、チェルノブイリと同じレベル七という最高段階のリスク判定を受けた。そしてその当時、福島原発の半径二〇㎞以内には、住民の避難と立ち入り禁止、半径二〇―三〇㎞の間には屋内避難の指示が出された。被災地を中心にヨウ素やセシウムなどの危険な放射性物質が徐々に拡散して、東京の金町浄水場では基準値の二倍以上の放射能が確認された。

日本の歴史上最大級の地震と津波が襲ってから、現在六ヶ月が経っており、復旧が進められている。しかし、福島原発の問題はまだ進行中だ。地震と津波は自然災害（天災）だが、福島原発は明らかに人災である。東日本大震災とは二つの異なる性格の災害が一度に発生した日本最大の複合災害である。

二、未曾有の災害を通じてアジアは新しい日本が見え始めた

過去、日本は太平洋戦争を起こし、アジア諸国を侵略した。特に韓国は三六年間、日本の植民地支配を受けた。一九四五年の敗戦以降、日本は朝鮮戦争をきっかけに復興し、GDP世界第二位の経済大国にまで成長した。アジア諸国は日本からの被害に遭ったが、加害者である日本は経済大国として豊かに暮らす国になった。さらに、過去の侵略に対する真摯な謝罪とその後の行動を期待するアジア諸国に対して、日本は信頼感を与えることができなかった。これは同じ戦犯国であるドイツと比較される。脱亜入欧を旗印にアジアを遠ざけ、ヨーロッパや米国など西側諸国に近づきたかった日本は、戦後、アジアの人々にとって、さらに憎しみの対象になるしかなかった。このような憎しみは時間がたつほど増幅され、教育と社会文化の中で拡大再生産されている。

しかし、今回の「三・一一」東日本大地震と津波による甚大な被害を目撃したアジアの人たちは、地震や火山、津波、台風などの自然災害に常に晒されている日本、そしてその被害を運命として受け入れなければならない日本の立場を改めて理解することになった。特に、このような自然災害の中でも整然とした秩序意識を持ち、苦痛を受けている隣人の痛みにまず配慮

し、落ち着いて対応する日本国民に感動し、驚きの目で再び見始めた。これまでアジアの人々には、日本は植民地主義、皇国臣民意識などで結ばれた一つの塊に見えていたが、今や軍国主義と侵略主義による歴史的な実体と、良心的で善良な日本人を分離して見られるようになった。そして、今回の「三・一一」はまさにそのような日本人たちの苦痛であるということを分からせた。日本がお互いに助け合わなければならない自分たちの隣人だったことを改めて確認させられるきっかけになったとして、李御寧教授（中央日報論説顧問）は『中央日報』に次のような社説を書いた(*4)。

……独島問題で背を向けた韓国人も、尖角列島で銃口を突き合わせた中国人も、地震が日本人の生命をおびやかす時、決して看過いたしません。真っ先に手を差し伸べるため、被災地に心と体を向けるでしょう。韓国は日本に駆け付けます。（以下略）

世界のほとんどの国、特にアジアの人々は震災に苦しむ日本人を支援するために多額の義援金を集め、多くの救助隊を派遣して人道的な意思を示した。七月一九日に日本外務省が発表した資料によると、約一六一ヶ国と四三の国際機関が人的支援と物資支援、基金支援などの意思を表明したと発表した。また、一六ヶ国の四三のＮＧＯ団体が日本へ来て救助作業を繰り広げた。国連加盟国が一九二ヶ国であることを考えると、ほとんどの国々が支援意思を明らかにしたといえる。韓国は震災翌日の三月一二日、真っ先に一〇二人の救助隊を派遣して活動、シンガポール、ドイツ、スイス、アメリカ、中国の順で次々に救助隊を派遣した(＊5)。

また中国は五回にわたって一二人用テント、毛布、飲み物、仮設トイレ、運動靴、ガソリン、ディーゼル油（軽油）などを送り、台湾も発電機、毛布、寝袋、衣類、雨具、食品、ストーブ、飲み物、寝具などの生活必需品を提供、韓国も毛布、飲み物、ラーメン、レトルト食品、長靴、ゴム手袋、放射線感知器、タオルなどを一〇回にわたって送り、韓国では三月二九日、震災後一九日間で三三一億ウォン（約二五億一二二九万円）を超える義援金が集まった。それ以外にも一〇〇余の韓国のNGOは自ら募金して日本を直接訪問、支援活動を展開した。韓国の仏教界では、大韓仏教曹渓宗と浄土会、円仏教が義援金と物資をそれぞれ曹洞宗、立正佼成会、日本の仏教系NGOであるシャンティ国際ボランティア会（SVA）などを通じて仙台や岩手を訪問して直接的、間接的に支援した。

普通、人間は憎しみの心で誰かを支援することはできない。助けようと思うときにはすでに慈悲憐愍の心を持っているのであり、助けようとする心が生まれた瞬間に憎しみは消え、愛の心を持つようになるのだ。震災は過去の憎しみや葛藤を減らし、アジアという地域共同体の中でお互いに隣人であるということを確認する重要なきっかけになった。このことは未来のためにとても大切な体験だった。

三、「戦後時代から災後時代へ」転換を図ろうとする日本

日本は歴史的に多くの災害を経験してきた国だ。近くは一九九五年、M七・三の阪神・淡路大震災、二〇〇四年、M六・八の新潟県中越地震、もっとさかのぼれば一九二三年、M七・九の関東大震災、一八九一年の震度八の濃尾地震もあった。そして台風でたびたび洪水や水害が発生し、今も噴煙を上げている鹿児島県の桜島と霧島山など八〇余りの活火山がある。

このような経験をしてきた日本人は情緒的に大自然の力に対する畏敬の念や謙虚な思いを他の国よりずっと深く感じることができるのではないか。また生と死を超えた運命論、そして逃げ場のない島国の中で、自国民同士が「和」を大切にする内的共同体意識が遺伝的に刻印されたと考えられる。このような感受性は昨今の地球温暖化や自然環境による脅威に対処しようとする世界の人々が共有すべき、自然に対する大事な認識である。

二〇〇五年の夏に、一八〇〇人の死亡者と八〇万名の被災者を出したアメリカのハリケーン・カトリーナや、一九七六年のニューヨークの大停電、二〇一〇年のハイチの大震災以後、いつも深刻な略奪や放火など社会混乱があった。そのため欧米では災難はすなわち略奪と放火の始まりとして認識された。

しかし日本は違った。忍耐強い日本国民たちは盗難、略奪事件などをほとんど起こさなかったし、秩序だって整然と列をつくる姿を見せた。廃墟の中にあるかもしれない貴重品が泥棒や強盗に奪われたという情報もなく、蒸し暑い夏の避難所の被災者たちと多くのボランティアも驚くほど安定した支援活動と復旧作業を進めた。計画停電でも不平も言わずに自発的に節電し、危機の中でも毅然とした国民の力を示した。現在、日本人と日本政府は震災復旧のために必死の努力をしている。筆者は震災以後七月中旬までに四回被災地を訪問したが、復旧に一〇年はかかると思うほど被害地域は広大で深刻だった。しかし訪問を繰り返すたびに、まるで蟻が角砂糖を運ぶようにがれきが片付けられ、道路が整備されていくのを見た。

誰が言い始めたのか知らないが、東日本大震災は「三・一一」と呼ばれている。(*6) まるで「九・一一」を連想させるこの震災の場面は実際、二〇〇一年九月一一日、当時のニューヨークの貿易センタービルが破壊される光景のようで、押し寄せる津波に襲われた都市の映像は全世界に大きな衝撃を与えた。

一〇年が過ぎた「九・一一」は世界の政治史で一種の「断絶と転換」の意味を持つ。「断絶」という言葉には、その日を基点に世界は変わったという意味がある。韓国における三・一運動(日本統治からの独立運動)、八・一五解放(日本統治からの解放)、四・一九革命(李承晩を失脚させた学生デモが起きた日)、五・一六クーデター(朴正煕による軍事クーデター)、五・

一八抗争（光州市で民主化を求める学生・市民と韓国軍の衝突事件）、六・一〇抗争（全斗煥政権下で起きた民主化を求めるデモ）など日付に象徴されたすべての事件は歴史の中で一定の断絶と転換を意味する。

一九九〇―九一年頃に、東西ドイツの壁が崩れてソヴィエトを含めた社会主義陣営が崩壊したことは、過去半世紀にわたって進行した資本主義と社会主義の冷戦構図が幕を閉じた「断絶」を意味した。その一〇年後、「九・一一」は競争者のないアメリカが過去とは違う新しい世界政策を広げるきっかけになった。

アメリカは歴史上初めて本土が攻撃を受けた。テロとの戦争を布告したアメリカは「偉大な国への復帰、強いアメリカへの転換」を強調しながら、世界に向けてリーダーシップをアピールした。その結果、アフガン攻撃、イラク戦争が始まり、世界は新たな緊張局面に入った。

その後、一〇年を経た二〇一一年三月一一日は日本にとってどんな「断絶と転換」のきっかけになるのだろうか？　大事なことは、この断絶が日本のみならず世界的にもアジアにも「断絶」を強制するメッセージとして認識されなければならないということだ。日本の津波被害は日本の歴史で最大であり、世界の歴史上四番目に大きな規模の災害だ。津波は日本という一国に限定された被害だが、福島の原発事故はすでに世界がその被害の対象である点で過去とは異なる。したがって東日本大震災を日本だけの問題に局限するのではなく、同時に世界的な問題として認識しなければならない。その「断絶」が肯定的なものになるか否定的なものになるかは、そこに意味を見いだしながら状況を認識する人々や彼らの行動によって変わるだろう。今私たちはまさにその岐路に立っているのだ。

日本の一部の知識人たちは「戦後時代から災後時代へ[*7]」という合い言葉で、戦争以後の日本の時代を清算(断絶)して災害以後の新たな日本を創造(転換)しようと言っている。「断絶」、「転換」とは過去に対する否定であると同時に発展的な新しい未来についての構想と建設という意味を共に内包している。しかしこの断絶と転換が歴史的に退行するものになるか発展的なものになるかは、その時代を生きている人の意思と努力によって「抽象的可能性」を「具体的現実性」にすることができる。なおかつ愛と慈悲、平和と非暴力を強調してきた宗教人ならば、この転換の時期に発展的な未来に重心を移す重大な時代的使命を持っていると言えよう。

四、震災救援と復旧に前後して鮮明に現われた問題

日本のマスコミと知識人たちは、この震災が日本の中に潜在した根深い問題を表していると言っている。特に深刻な福島原発事故をめぐり、日本病に関する診断があちこちでなされている。過去、技術大国を可能にした厳しいマニュアル社会がむしろ問題として現われたということだ。

「危機」は限定された空間と制限された時間の中で現場の素早い対処を要求する。また危機はいつも特別で特殊であるからマニュアルで作られた正解はない。しかし日本は、伝統的にマニュアルに記されていないことには現場の責任者が瞬間的に決断力のある行動をすることに慣れていないといわれる。そのような状況で「度胸を持って決断する」危機対処能力を訓練するより、「軽率に動かないように上部から指示があるまで待つ」という文化が勧奨されてきた。

初動に貴重な何分何秒を浪費して結局手を打つことができなくなるところまで行き、しかも現場の状況を具体的に知らない「上部の命令」があって動くという文化が今、防げなかった大災害の原因の一つだという。「マニュアルどおりやった」「上部の指示どおりやった」というのが「責任」を転嫁したり回避する根拠になる。統合的で全体的な思考よりも部分的な責任意識、組織的指示に対する従順さ、マニュアル主義、官僚主義、手続き主義、専門家主義の病弊は、日本の美しい社会文化の裏側にある慢性的な問題ということだ。

また、「国民にパニックを引き起こす」と判断したのか、あるいは原爆を直接に経験した国だからか、日本政府は原発事故の実態を国民にまともに公開しなかった。これにより、どれだけ多くの国民の生命が大きな危険にさらされたことだろうか。原発の問題は日本だけに被害が限られることではない。放射性物質は気流に乗って全世界に行き渡り被害を及ぼすため、政策責任者は当然、全世界に声明を発表するべきだった。菅直人首相は、震災の初動でうまく対処したり、力強く指揮することができず、リーダーとしての資質が疑われる言行で辞任を求められている。

また、NHKは六月六日、義援金が二五一三億円（約三兆三〇〇〇億ウォン）も集まったが、その当時被災者に配られた義援金は全体の一四・五％である三七〇億円（約五〇〇〇億ウォン）に過ぎないと報道した。震災では緊急を要する支援が必要だ。ところが、その理由は配分基準が決まっておらず、公平に配るのに必要な手続きが複雑で人手が足りなかったからだという。

また一部の地方自治体は平等の原則を前面に出して、人数に比べて物量が足りないと配給しない場合もあったそうだ。一二〇人いる避難所に一〇〇個のカップラーメンしかなければ配分しないという。もらえない人が不満を申し立てるかもしれないからという説明である(*8)。実際、筆者が訪問した現場では物品が不足した緊急の状況だったが、物品を支援しようとするNGOの提案を喜んで受けた所があまりなかった。保管する倉庫がないとか、配る人員が足りないとか、現在は必要のない物品だなどという返事で、支援しようとする団体はもどかしい思いをした。また、苦境に立った日本に国際社会が支援の意思を表明したにもかかわらず、日本はその助力をだいぶ断ったそうだ。一例としてスイスで人命救助犬を送ろうとしたが、狂犬病撲滅地域を理由に難色を示してきちんと受け入れなかったり、原発事故でアメリカが技術サポートを提案したが拒否した問題など、マスコミに報道されただけでもたくさんの例がある。

もちろん救援と開発は該当する国家と国民が主体になるべきだという点は重要な原則だ。与えるからといって無条件に受け取るのが正しいことではないからだ。そう考ると日本の地方自治体の行動は、ある程度正当である。

地域住民の自発性と自立性を損なうことであるのなら、はっきりと断ったり積極的に必要な物品を要請するべきだ。しかし行政的に準備ができなかったという理由や、公平性を損なうかもしれないという理由で、現場で待っている危急な状態にある人に対する支援を遅らせることは、緊急な状況を平常時と認識した「融通が利かない」ことで、これも官僚主義の弊害だと日本の民間団体は指摘する。

しかし、韓国にも問題があった。日本の教科書に独島（竹島）が日本の領土として明記されたことが発表されると、韓国ではそれまで厖大に集められていた義援金への熱気が一瞬に冷めた。そして自民党の議員たちが鬱陵島《ウルルンド》に来るという発表に、韓国はまた非難と怒りで沸き立っている。現在のように多くの国々が日本に愛情を示す時、手助けしてくれた国の国民の神経を逆なでする言動をした日本の右派にも寒心するが、だからといってその一言に愛と慈悲の心が急激に冷めた韓国民の心性も問題だと言える。人道主義とは「被害を受けたその人だけを見ること」だ。「人の苦痛を減らすほかにはどんなことでも差別しないこと」である。思想が違う敵にも食べ物を与え、治療してやるのが人道主義だ。このように政治的な問題と分離して考えることが人道主義なのに、そうした問題を区別できない韓国社会の認識も問題である。

人は平常時より危急な状況で本質が現われる。国もまた同じだ。日本はいま慢性的な長期不況を経験しており、新たな社会的突破口が要求されている状況である。いま日本は震災を契機に新たな出発をしようとしている。過去の関東大震災や阪神大震災の時にも、震災以後に新たな復興の道に乗り出した先例を喚起しながら新しい日本の復興を叫んだ。過去の否定的な面を「断絶」して新しい未来への計画と構想を選択しようとするこのような転換は、既に言及したように日本だけに必要なことではない。

五、アジアの視角でもう一度東日本大震災を見よう

私たちは自国の利益のために起こした戦争と葛藤の結果が後に、長い間いかに自国と自国民を苦しめるのかを歴史の中でたくさん見てきた。すべての生命がお互いにつながり、相互依存する縁起の関係の中で、一人の不幸がみんなの不幸の種になるように、一国の苦痛が他国の苦痛になって結局、自らの苦痛として戻って来ることを感じてきた。韓半島の南北の和解と統一が周辺国を不安にする要因になってはいけない。そして日本の発展がアジアで葛藤の種になってはならない。また中国の経済成長が他国に脅威を与えてもいけない。周辺国の不幸はすなわ

ち隣国の不幸と苦しみにもつながる。一五年前、約三〇〇万にものぼると言われた北朝鮮の大量餓死の事態を、国連に加入している別の国の話として、北朝鮮だけの問題に限って傍観したとしたら、韓国と北朝鮮の葛藤はさらに深まり、利害関係のある周辺国の間の対立はもっと深刻になっていたはずだ。

情報化時代になって世界はだんだん狭くなり、ますます深くなる全地球的な問題の前で、すでに地球は個別国家を超越した一つの共同体である。このところ自然災害はさらに頻発し、先進国も途上国も独自の努力だけでは充分な効果を見いだせない状況だ。したがって今は危難や災害に対して近隣国の間で過去より円滑に協力と共助態勢を備え、お互いに共生と共存の関係を緊密にする必要がある。ヨーロッパはEUという一つの経済共同体になり、他方、北米自由貿易協定（NAFTA）、湾岸協力理事会（GCC）など地域を中心に経済的に共助関係が構築されているように、世界は今地域的に統合性を高める方向に進んでいる。

結局、人類の発展は競争や対立によってではなく、相互依存と協力によって共生的な社会をつくることが可能となるということを思い知ることになった。しかし現在のアジアの状況はどうか？　韓国と北朝鮮の間に軍事的緊張が高まり、ついに北朝鮮は核武装をして韓国もこれに対応するために軍事費を増やそうとしている。

これに応じて日本の一部の右派は「普通の国家」を打ち出しながら平和憲法九条を修正し、

自衛隊を常備軍化しようとしている。ストックホルムの国際平和研究所（ＳＩＰＲＩ）の報告によると、軍事費支出で中国は日本が占めた二位を奪取、日本は七位、韓国は一一位と発表されている。このように東アジア諸国はほぼ一〇位内で、毎年の軍事費の増加率は驚くほどだ。軍事費縮小という世界の流れに逆らって、特に東アジアの国々だけで政治的・軍事的緊張が高まっており、軍事費はまさに未解決の対立と葛藤から発生した費用であるということだ。

大震災を経験した後の日本の変化を心配する人々もいる。彼らは、日本が大震災をきっかけに内部の結束を強化する過程で排他的、消極的に変化し、韓日関係や歴史認識および領土問題に対して妥協できる政治的空間がさらに狭まる恐れを憂慮したり、被災地で一〇万人余の自衛隊が復旧活動に果たした大きな役割が国民的な支持を得て、違憲問題に悩んだ自衛隊が普通の軍隊に変貌する基盤になるかもしれないということを懸念している。

しかし、そのような憂慮を遮って日本との平和的な関係に突き進むためには、現在の日本の困難に対し、アジアが進んで関わることだ。東日本大震災の問題を一国だけの問題としてとらえてはならないし、韓国と中国、日本が共に解決するための努力をしなければならない。

ただ義援金だけを集めて支援する程度で、するべきことは終わったと認識してはだめだ。もちろん東アジア情勢では、韓国と北朝鮮の政治的・軍事的な葛藤が中心を占めている。だからアジアの平和のためにも一日も早く南北は平和的関係を結ばなければならない。逆に周辺国の葛藤と緊張が解消されれば、南北の問題は円滑に解決することができる。

もちろんこの間、多くの人々の交流と協力、理解の努力によって、南北問題は過去に比べて多くの葛藤が解決されたし、アジア諸国の協力と紐帯のお陰で目に見えるたくさんの進展があった。しかし現在の日本は、韓国とは独島（日本名・竹島）領有権問題と教科書問題、過去の植民地支配への謝罪などの問題で葛藤が再燃しているし、また中国とは尖閣諸島（中国名・釣魚島等島嶼）と呼ばれる釣魚島の問題、ロシアとはクリル列島（日本名・千島列島）の問題（北方領土問題）で葛藤と紛争が続いている。

今まで東アジアは多くの平和を実現した。しかし、さらにたくさんの平和が必要だ。果たして、アジアはこのまま緊張と葛藤を残したまま持続しなければならないのか。より進展した平和な関係構築を始めることはできないのか。相手に対する憎悪を自国民の内的結束のための道具として、いつまで利用し続けるのか。敵対的な憎しみを果てしなく拡大、再生産することを未来の世代に伝えてはいけない。

このことはアジアの未来のため、後代の未来のために、決してよいことではない。葛藤と緊張を解消するために、平和を最も深く渇望する宗教者たちが重要な触媒の役割を果たせないか。国境を基盤としたアジアの葛藤に宗教者こそ、国の理解を乗り越えた未来の価値を新たに作り出さなければならない。日本が史上最大の災害を経験している今、世界のみならずアジアの人々が日本に向かって慈悲憐愍の心を示した今こそ、そうした役目を果たす重要な機会になるのではないだろうか。

六、どうやって一諸にするか

1、日本の災害復旧支援団を構成するとともに宗教関係者ネットワークを構築しよう

二〇〇四年、インドネシアで発生したM九・三の地震と津波は、その周辺のアジア各国に多大な人命と財産の被害を与えた。今度の東日本大震災も日本の歴史上にない大惨事であった。これを機に日本の被害復旧を支援し、アジアの災害復旧と復興を支援するネットワークの構築と、その活動に関して次のように提案する。

①日本の復旧を支援するためのアジア宗教青年・平和実践団

まず韓国と日本、中国の大学生及び青年などの若い宗教者が中心になり、二〇一二年から二年間、大々的に復旧のためのボランティア活動に参加することを提案する。例えば、韓国と中国の宗教青年たちを日本の宗教青年たちと一緒に二〇名ずつ（日本人一〇人、韓国・中国・台湾人一〇人）を一つのチームに構成する。そして、一つの地域を選び一五日を一つの単位期間（一期）とし、その地域に一つのチームを一五日単位で持続的に派遣し成果が出るような復旧作業に参加させることである。

二〇名を一つのチームにして、期間内に五〇余りのチームが同時に運営できるとすれば、一五日間で一〇〇〇人が参加することになる。いわば「日本復旧を支援するためのアジア宗教青年・平和実践団」を設立し活動することである。このような活動が一年間、約二〇回ほど運営できれば、合計二万人余りが参加することになる。これが二年間続くとすれば四万人もの若い宗教青年たちが相手に出会い、ボランティア活動を通じて言語を越えてお互いを理解し共感する大変大事な経験ができる。このような活動を二〇一三年まで二年間を期限とし展開してみることを提案する。もちろん最初は小規模で始め、その結果を評価した後、少しずつその規模を拡大する方式で事業を進めるほうがいいだろう。

そのためには日本に推進本部を設置し、韓国や中国にもそれぞれの推進本部が構成されるべきである。日本本部は宿泊や交通の手配及び活動や作業を調整するとともに、プログラムが円滑に運営できるよう推進状態を点検したり予算を編成・執行し、また県庁や地域役所から協力及び指導（支援）してもらうべきであろう。

そして韓国と中国の本部は支援者の募集と事前教育、企業の協賛と予算確保、ボランティア活動から帰って来た人々についてのフィードバック（得られた成果や課題を活動計画に反映させる）と事後組織化と事後活動、サポートなどの役割を担う。なお、各国から日本に来る若者達の航空券代は自費で賄うことを原則とするが、泊まるところは災害地付近の寺などの宗教施設をテンプルステイ（宿坊）方式で利用できれば、日本の宗教を体験するよい機会になると思われる。このような活動に各国の航空会社や交通会社の支援がもらえるとすれば、個人の負担はもっと軽減できるであろう。

勿論、このような活動においては、宗教者としての宗教的信念に基づかなければならないが、一方では共同の「行動規範」（Code of Conduct）が必要だ。また日本以外の国からの宗教青年たちは、可能なかぎり現地に一切負担がかからないように万全の準備が必要である。そのうえで、日本の現地ではできる範囲で支援が用意できればいいだろう。

このような事業が推進されれば、韓中日の間に歴史上になかった大々的な交流ができるのである。そして未来を担う若い宗教者たちの交流は本国に帰った後にもずっとつながると期待され、彼らの経験は以後、アジアの共生と共存のための協力に大きな一歩になると確信する。

実際、二〇〇五年、アメリカのハリケーン・カトリーナでニューオーリンズ地域の堤防が崩れて甚大な被害を受けた後、アメリカの国民と海外団体は三―四年にわたって、大々的な再建と復旧活動に参加した。特に宗教青年たちのみならずブラッド・ピットやアンジェリーナ・ジョリーなどの著名人も復旧活動に賛同し、望ましい復旧、親環境的（自然環境への負荷が少ない）な復旧になるように「正しく作ろう」（Make it Right）を旗印に長い間地域開発に参加したことは、参考に値する良い事例だ。

②災害支援のためのアジア宗教者ネットワーク

全地球的な災害が頻繁に発生している現在、このような若い宗教者たちの平和的な復旧活動をきっかけにして、常時的な災害や救護活動の協力と支援のためのアジア宗教者ネットワークを作っていくことが必要であると思う。日本は自力でも充分に復旧することができる技術と能力があるが、その場合とアジア各国が一緒に支援する時とは多くの違いがあると考えられる。

何よりも復旧の期間を少しでも短くし、苦しむ多くの人々を少しでも早く助けることができるという点である。また支援活動の過程自体がアジアの青年たち同士で下からの大々的な交流活動になることで、国民の間に存在する日本への敵対的な感情が解消され、より緊密で友好な関係を形成していけるのだ。

アジアの宗教者たちは、同じ宗教であっても政治的、歴史的な葛藤で疎遠な関係であった。しかし、上述のような事業をきっかけに宗教の間に円滑で内容のある交流が始まると、お互いに宗教的な活力を与え合い、自国内で社会的な権威が高まるようになり、本来の宗教の教えをも実現することができる。

そして、このような過程を通じて日本、韓国、中国の国内に存在する平和への否定的な要素を制御することにも役に立つ。そしてこのような経験が土台となり、宗教は社会的な統合を成し遂げうる道徳的権威を構築するようになり、平和の「てこ」としての役目を果たすことができるようになるだろう。

何より今回の災害支援の過程で、当事者である日本の役目はとても重要であるといえる。日本の立場から考えると、言葉も通じない他国の人々のためにボランティアの仕事を開発することや支援活動全般を運営し推進していくことは、日本の宗教団体や個人には面倒なことであるかもしれない。特に、できるなら人に助けを借りたくない日本人の特徴を見るかぎり、やりにくいことかもしれない。しかし、苦しむ人のために広い心で助けを与えることも布施であるが、他者が布施する心をそのまま受け入れることも大事な布施の精神である。言い換えれば、布施する人の優しい心を受け入れ、その心が発現されるようにすることも大きな布施になるということである。

このような大々的なアジアの宗教者たちの復旧協力の計画は、今回の東日本大震災のようなことでなければ考えにくいことである。またこれは日本においても普通の災害復旧以上の意味を持つものであり、宗教者はアジアの平和を創る活動として認識し、積極的に協力するべきであるといえる。この事業が成功裡に推進されれば、今回の大惨事を機にアジアが共に平和を成し遂げうる重大なターニングポイントになるであろう。また、今回の災害で亡くなった二万余りの方々は「平和の菩薩」になるであろう。

2、「障害物」は削除し、「踏み台」を作るアジアの宗教者「シンクタンク」

現在の日本は過去とは違って、韓国、中国と非常に進展した政治、社会、文化的な交流を活発に行なっており、互いの国民の間には緊密で友好的な関係が広がっている。しかし一方で、日本は韓国、中国、ロシアとの間に領土問題を抱えており、韓国と中国では日本による過去の植民地支配、戦争などの歴史問題による国民的な悪感情はますます増える一方である。韓国では、ややもすればこの問題についての不適切な言及は、自国内で反日と親日の論難を呼び起こす可能性があって、乱麻のように纏わって問題の解決がもっと難しい状況にある。

しかし、本セミナー参加者らの宗教者は、社会的・道徳的な権威としてこの問題を政治の対象にせず、より積極的な姿勢で向き合う必要がある。歴史の問題に関しては、「日中韓三国共通歴史教材委員会」や、「女性による六カ国協議」などの民間の代案的な平和運動を参考にする必要がある。宗教者と非政治的なNGOは国家間の政争と利害関係から離れ、真心をもってすべての国々が共存できる提案を練り上げるための組織を創ることが必要であろう。ここでアジアの宗教者と学者たちが、アジアの平和のための「障害物」を無くし、「踏み台」を創る作業を共同で行う「シンクタンク」となることを提案する。これによって、葛藤や対立、また平和を阻害する多くの事案に対して宗教的代案を提示し、宗教者と宗教NGOらが直接に参加するプログラムを開発して実行してみるのである。

過去の歴史問題を「問題」とだけ認識するのではなく、未来のために「解決の観点」から積極的に接近するグループがあるべきである。日本国内の多くの良識ある宗教者と知識人たちが、過去の侵略に対するお詫びとそれに準じる行動をとってきた。韓日両国は宗教的な共通点があるにもかかわらず、政治と歴史認識が障壁になって、より深い理解を妨げてきたが、その一方で両国和解のために多くの宗教団体が努力してきた。

日本仏教の曹洞宗は一九九二年、三ページにわたる長文の「懺謝文《さんじゃもん》」（懺悔と謝罪の文）(*9)を発表し、過去のアジア侵略に協力したことを懺悔した。そしてこれからの全ての紛争と戦争に参加しないことはもちろん、平和と人権のために努力するとの誠実な意志を示した。また宣言だけにとどまらず、強制徴用されて日本で死亡した韓国人と中国人の遺骨を発掘して本国に送る活動をも行なってきた。真宗大谷派の場合にも、一九九五年に「不戦決意」(*10)を通じて過去の戦争に協力した事についての懺悔と、これから全ての武装と戦争参加を拒否し、平和のために努力するとの宣言をし、不殺生を根本にする平和の宗教としての本来の面目を見せた。

日本との問題として、今まで韓国国内において独島（日本名・竹島）問題と歴史清算の問題は敏感な争点であった。これに関わっても得することはないと考えられ、政治家も知識人も批判だけ行ない、その問題に積極的に向き合ってこなかった。しかし、非難と誹謗だけが「正解」として認識される現在の意識水準では、進展したアジアの平和を模索することはできない。韓国の立場からすれば、南北朝鮮の平和と和解、さらに南北統一のための努力はそれを支持する周辺国の信頼につながる。そのためにもまず周辺国との葛藤を解消しなければならないのである。言い換えれば、韓国が中国、日本との関係を友好関係として新しく定立することは南北統一と朝鮮半島の平和的な未来につながるということである。その上、朝鮮半島の平和な未来はアジアの平和に直接結び付いているのである。

韓国は去年の二〇一〇年で韓日併合一〇〇年を迎えた。すでに南北の統一と平和な未来のためにも周辺国との障害物を取り除く時になった。これは問題を曖昧に処理していこうということではない。過去の問題に対して、「清算」という課題と未来のための「協力」という課題をツー・トラック（二つの進路）として、別個の事案をそれぞれ接近させていこうということである。すなわち、過去の問題で互いに縛られて別の事案をも進展が妨げられるのではなく、別個の二つの事案を区分し、感情や情緒に拘わらず、明確な解決策を探していこうということである。そのような過程を経ることが、問題を円満に解決する方法になるのであろう。

日本文化が開放されて以来、韓国は日本文化の影響を多大に受けている。一方、日本においても「韓流」という鮮烈な韓国文化の流れが強い影響を与えている。このように歴史や政治とは違い、文化や学術、NGO団体の間においては和解と平和の感情が芽生えているのである。これは、歴史問題と文化交流は別個の問題だという見方があったからこそ可能な現象である。

懺悔と悔い改め、容赦（許すこと）と和解が重要な宗教的倫理だと考える宗教者であるなら、国家同士や民族同士の憎しみや憎悪、敵対意識という障害が続く現状によって、さまざまに束縛されているに違いない。このような課題に対する宗教者の観点は、一般人や政治家とは違う知恵の目でなければならない。「懺悔と悔い改め」は、平常心で自分を振り返る宗教者の基本姿勢である。「容赦」という言葉も、宗教者としてはとても重要な徳目である。そういう意味で韓国の東国大学の金浩星教授の次の話は意味深い。(*11)

〝懺悔をするまでは決して許さないと言うことも暴力の宿る論理です〟……懺悔しなさいと強要しながら、そうでないと許さないというのは確かに非暴力じゃないんですよ。懺悔しなくても許すべきです。そうする時、私たちは日本の帝国主義者、右派保守主義者たちと違う立論（立脚点）を持つようになります。でも、彼らの誤りを悟らせる作業までやめようという話ではないのです。それは持続しなければなりません。なぜなら、それが我が民族の利益にかかる問題ではなく、日本の利益を含む人類文明全体の利益のために繰り返されてはいけないという教訓を残すためにです。

対等な平面の上での争いは、必ず勝つ人と負ける人が生じる。一方の勝利と他方の敗北を量産するゲームなのだ。しかし宗教者が考える平和に対する認識はそれとは違う。対等な二次元の平面の上での競争と対立ではなく、相手より一次元高い三次元の視点から相手を救援しようとする深い慈悲憐愍の心で、救援を受ける側に利益となる方向の解決法を考えなければならない。

競争から勝つ方法は、「競争しないこと」だ。争いから勝つことは、「争わないこと」である。さらに「勝とうとする心までも無くすこと」だ。強い対立は、味方と敵を明確に区別し、それぞれが強い共同戦線を要求する。対立を精神的に刻印させるために怒りと憎悪心を助長して組織化する。競争や争いは結局、分けて割ることを前提にしなければならない。しかし平和は戦線を無くすことである。味方や敵という区別をしないことである。

敵との対決のために憎悪心を助長して、味方同士の強い結束をはからないことである。むしろ、味方と敵という区別や、境界（国境）による世界を無くし、むしろ、より上の次元で相手を助け、相手に利益を与えるための慈悲憐愍の接近が、宗教者が求めるべき平和である。宗教には国境があってはいけない。国家主義を超える価値観から国家を見るべきである。国家主義、あるいは自民族中心主義に囚われると、結局、日本帝国主義の侵略の手段になった日本宗教の過去の間違いを繰り返すしかない。

相手を憎めば相手と似るようになってくる。敵対心と憎悪は相手を破壊するが、結局、敵対心と憎悪心を育てる自分をも破壊させる。その意味で、ヨハン・ガルトゥング教授のいう平和的手段としての平和を成す方法で提案した〝Transcend〟(超越)という接近法はとても意味がある。この方法は、葛藤も紛争の解決も共に敗北ではないと考えるようにすることである。

3、アジアの原子力発電所を段階的に廃棄し代替エネルギー社会を作る宗教者会合

前述したように、今回の災害は異なる二つの災害が重なっている。東日本の大災害において地震と津波は「天災」だが、福島の原発事故は確かな「人災」であった。津波という自然災害の解決と福島原発に対する解決は、全く違う方法で考えなければならない。自然災害はもう災害が終わって復旧の段階に入ったが、原発の災害は現在も進行中で完全な復旧には長い時間がかかりそうである。

「安全」のためには「人間は過ちを犯すことを念頭に入れ、それを施設設計に反映させることで被害が起きないように徹底的かつ多様な安全装置を備える」べきである。たとえ被害が発生しても、「その被害が容認され、予測可能な水準」でなければならない。また、「その被害は特定の地域に限定されること」と「完全な復旧が可能」であってこそ「安全だ」と言える。しかし、原子力は多重安全装置が備えられているにもかかわらず、今回の福島の場合、自然災害による事故を防ぐことができなかった。さらに、近隣地域住民の放射能被害はもちろん、それは

気流に乗って全世界に予測できないほど大勢の人々に被害を与えると思われる。「予想を超えた災害」という言葉で言い訳をしてはいけない。そして、原発事故は人間だけではなく農作物、動物、土壌などにも深刻な汚染被害を与え、完璧な復旧のためには数千年もかかるほどである。そして稼働の過程から発生する高・中・低レベルの放射性廃棄物の完璧な処理は実際不可能だということがもはや明らかになった、不完全な技術である。

原子力発電所の使用限度は約三〇年である。わずかその三〇年間の電力消費のために数千年の間、後の世代に被害と危険を負わせるのである。今の人間が犯した過ちの責任を未来の世代に転嫁してはいけない。原発関連企業は、この産業を「事故さえ起こらなければ儲かる事業」と思っているようだ。しかし実際、放射性廃棄物に対する安全な処理とそのための施設、また、事故に対する費用を考えれば原発産業は安全でも、きれいでも、安いこともなく、むしろ非常に危ない施設である。特に、発電所は戦争が発生すると電力遮断のためにも一番先に攻撃の対象になるということは湾岸戦争ですでに経験している。

一九七九年に発生したスリーマイル島の事故と、一九八六年のチェルノブイリ原発事故の後、全世界の人々は原子力発電がもはや安全ではないということを実感していた。ドイツ、スイス、スウェーデン、ノルウェー等の国では国民投票を通じて原発の建設を中止し、段階的に廃棄することを決意した。

また、イタリアは今回の福島事故の衝撃で去る六月一三日、国民投票の九四％の反対で原子力発電所の建設を諦めた。イタリアは福島原発の事故以後、ドイツとスイスに続いて原発をあきらめた三番目の国となった。

このように世界は脱原発がますます国民的な常識になっているが、なぜアジアの各国では社会的な合意がなされないのであろうか。その理由は、原発を輸出してきた韓国と日本を含めた世界の原子力発電カルテルが莫大な資金を費やして、深刻になる地球温暖化対策には原発が有効であると広報してきたからだそうだ。そのさなかに発生した事故が福島原子力発電所の炉心溶融事故である。

福島原発事故は人類が経験した三番目の原発事故の中で最も大きな事故だ。人類は、これ以上原発が電気エネルギーの生産手段とはなりえないことをより切実に実感しているであろう。そして、日本の菅直人総理も、激しい反対を押し切って七月一三日に「原発を段階的に廃棄する」と宣言した。

日本は現在五四基の原発を持っており、また二〇三〇年まで追加で一四基を建設する予定だった。韓国も現在二一基を保有し、五基が建設中、六基を追加で建設する計画がある。中国は一一基、ロシアは二七基、カナダは一八基を持っている。韓国は単位面積において一番多くの原発を保有している国であり、それに休戦線を向かい合う北朝鮮は核兵器まで保有しており、核に関しては一番危険な地帯である。韓国も地震の安全地帯ではないことを考えると、原発事故が発生すれば日本よりより深刻な被害が予想される。また原子力発電所は核兵器の開発と関連が深い。したがって、原発の問題は平和の問題と直結する事案なのだ。

平和を考える宗教者であれば、福島原発事故という未曾有の原発事故に際し、当然反核、反原発を宣言し、段階的に廃止すると同時に代替エネルギーの模索、さらにそれを通じたエネルギー節約型社会へ移行することを表明するべきである。

七、最後に——東日本大震災は人類に送る強力な転換へのメッセージである

危機は「偉大な機会」の略語だと言われている。東日本の大震災は日本にとって断絶と転換を強制するメッセージである。過去の自然災害をよく乗り越えてきた日本人の勤勉さと誠実さを考えれば、日本はこのような災害を「転禍為福」（禍いを転じて福となす）の機会として復興することができると確信している。

そのうえ、これを契機にして日本病といわれる問題や景気沈滞を乗り越え、より活力のある平和な社会になってほしい。しかし、日本の問題を日本だけの問題ではなくアジアの問題として捉えると、東日本大震災はアジアにはまた違う断絶と転換を強制するメッセージとなる。他人の苦痛が私の苦痛であるというように、ものごとは相互連関して依存的な関係にあると見る

宗教者たちにとって、日本の痛みはすなわちアジアの人々の痛みであり、アジア人の課題として共に乗り越え、互いに平和を創り上げるきっかけにするべきである。

もし日本が、危機を乗り越える過程で強力で統合的なリーダーシップを誤用したり、「普通の国」という言葉の下に自衛隊を常備軍に切り替えようとする退行の状況が発生したとすると、それは日本人と日本宗教者たちの問題でもあるが、平和が構築できる重大な時期に安易に対処したアジアの人々と宗教者たちにも責任があるのである。

韓国及び日本、中国で宗教はその社会で一番大きな非政府組織（NGO）である。このパワーは他のNGOより多大な影響力を発揮してきた。信徒（会員）を擁し、組織もあり、経済力もある。宗教の力は政治的パワーではなく道徳的な影響力、道徳的なヘゲモニー（主導権）を持つべきである。宗教は一つの社会に重心を作り、社会変化の軸心を移動できる権威を持っている。

これらの国家において、宗教者がどのような慧眼《けいがん》を持ち、眼力を発揮するかによって多くの命を「死から生に」切り替えることができるのである。このような平和のための仕事は、古い文明を転換して新しい文明を創出する共存と共生の人類史的なモデルになると思う。

そういう認識から日本の災害を考えた李御寧教授の言葉(*12)を再び引用しながら文を結ぶ。

他人の不幸が私の幸せになったり、他人の幸せが私の不幸になった時代は終わりました。新しい文明は独立（Independence）でも隷属した依存関係（Dependence）でもない、相互依存関係（Interdependence）の生命共同体的システムから誕生するでしょう。日本を強打した地震が太平洋沿岸のすべての国に津波の危険を与えたように、それに対応する生命も共感と協力の知恵によってお互いに結合されています。

私たちが見た日本の津波の動画を巻き戻して見れば、私たちが暮らしているこの韓国にも、その基盤を揺るがす地震と津波があるということが分かります。それは近代文明とそのシステムから落伍して経験した開発途上国の苦難とは違うものです。

むしろ、今の私たちと世界の人たちが備えなければならない問題は、どんな先進文明でも対応しにくい環境の津波、金融の津波、情報の津波、テロの津波です。そして現代文明のクリティカル・ポイント（危機的状況）から私たちが生き残れる方法は、今まさに日本人が必要としている「生命の救済」です。細かな利害関係や政争などのあらゆる葛藤も、命の前ではまことにつまらないことだと分かるようになります。生命を救済するということは、お金でも権力でもなくて、バイオフィリア（biophilia 生命愛）、トポフィリア（topophilia 場所愛）、そしてネオフィリア（neophilia 創造愛）のような隣人へ向けた愛ということ。それが私たちが信じられる唯一の資源であり、資本というものです。その時、私たちは遠くて近い国だと言われる日本と韓国が一つの生命共同体ということを見せることで、命を資本にした真正なグローバリズムが何なのかを世界に知らせることができます。それが「黒い波」に勝つ、私たちの「ブルー・オーシャン」なのです。

【註】

＊1　地震を測定する単位は二種類。マグニチュード（M／リヒター規模）は地震が発生したとき放出された絶対的エネルギーの大きさをいう。これに対して、震度は観測地点で記録された震動の強さを意味する。したがって、震度は地域ごとに違い、震央から離れるほど小さくなる。

＊2　「超巨大地震が日本列島をゆさぶった」（科学雑誌『Ｎｅｗｔｏｎ』二〇一一年六月号、一四一一五頁）。

＊3　日本外務省ホームページ災害現況対応、二〇一一年七月二一日。
http://www.kr.emb-japan.go.jp/other/jisin_news.htm

＊4　李御寧「韓国は今日本に駆け付けます」（『中央日報』二〇一一年三月一六日付）。

＊5　前註3参照。

＊6　会田弘継「三・一一と九・一一「断絶」の思考、「永続」の意志」（『中央公論』二〇一

一年六月号、五四頁)。
＊7 御厨貴「「戦後」が終わり、「災後」が始まる」(『中央公論』二〇一一年五月号、二四頁)。
＊8 『国民日報』二〇一一年四月二一日付。
＊9 曹洞宗「懺謝文」。
http://www.sotozen-net.or.jp/wp/wp-content/uploads/2011/01/sanjyamon.pdf
＊10 真宗大谷派「不戦決議」。
http://www.higashihonganji.or.jp/info/event/PDF/haru-panph.pdf
＊11 김호성(金浩星)『일본불교의 빛과 그림자 : 일본불교견문기(日本仏教の光と影——日本仏教見聞記)』정우서적(政友書籍)、二〇〇七年、八四頁。
＊12 前註4参照。

第三セッション

東アジア平和共同体の樹立——中国からの視点

歴史を直視し、平和を構築せよ

張　継禹

尊敬する同僚の皆様、そして友人の皆様。

私は、中国から来た道教徒である。中国宗教者和平委員会（ＣＣＲＰ）の代表として、今回のセミナーに参加し、東北アジアの未来と宗教の作用について、皆様と一緒に討論を行なうことができ、まことに嬉しく思っていると同時に、セミナーの主催側である韓国宗教平和国際事業団（ＩＰＣＲ）の細心な配慮と周到な手配に対し、心から謝意を表す。

友人の皆様。

中国・韓国・日本は、海を隔てて向かい合っており、相通ずる文化を持っている近隣である。歴史を振り返って見れば、友好な交流についての美談が少なからず存在しているということが分かる。しかし、近代以降、日本軍国主義は、侵略戦争を発動し、中・韓両国とこれらの地域に深刻な災難をもたらし、日本人民を含む東アジア各国の人民を大きく傷つけたので、一時、この地域の平和と発展は阻害されてしまった。歳月が流れても、友好の歴史が回復されず、これらの傷は、まるで除去し難い土煙のように、常時、中・韓・日の平和友好への道の上に立ち込めている。しかし、歴史は歴史である。肯定的な経験であれ、否定的な教訓であれ、それに正確に対処すれば、それは、われわれが前に進んで行けないように掛けられた軛《くびき》にはなり得ず、われわれをしてもっとしっかりとした叡智を持って、前に進むようにしてくれるものである。われわれは、当然のこととして、歴史を直視し、受け入れ、体得しなければならず、如何なる歪曲・隠蔽・美化をもする必要はない。歴史を直視するには勇気が必要であり、歴史を直視することができ、歴史から教訓を得る民族こそ、尊重や信任並びに容認を受けることができる。われわれは、歴史を熟考することによって、平和・友好は、国家の運命、人民の福祉、地域の安寧に関係していることを、一層深く体得することができる。

昨今の世界において、平和と発展は、依然として最も重要なテーマであるが、世界は決して安寧ではなく、東北アジア地域も平穏ではない。中・韓・日三国は、東北アジア地域の最も重要な国家として、相互間の平和な発展、互恵協力の関係を保持しており、東北アジア諸国の人民の切実な利益と緊密に関係しているので、三国政府は、東北アジアの問題に真摯に対処しなければならず、われわれ宗教界の指導者、知識人も、この問題に注目し、関心を寄せ、一定の役割を発揮しなければならない。

歴史上、宗教は、東北アジア各国の間の友誼を樹立し、文化伝播などの方面において積極的な作用を発揮した。今日に至るまで、中・韓・日の宗教界における友好な往来は、依然として三国の友好関係の発展を推進させる重要な動力である。二〇〇九年、中国道教協会の代表団は、韓国ソウルの高麗大学で開催された「第一期仙道国際学術セミナー」に参加した。中国道教協会と「日本の道教寺院」の組織及び神道国際学会も、友好な往来を保持している。「中国宗教者和平委員会」の発起人である趙樸初先生は、一九五一年、中国仏教界を代表して、日本仏教界に観音像を贈呈し、日本仏教界の熱烈な反響を呼び起こした。趙樸老はまた、中・韓・日仏教界の友好な交流のための「黄金の紐帯」の構想を提案した。これにより、中・韓・日仏教界は、毎年、交流会議を開催している。今年、日本が特別に大きな地震と津波によって災害を蒙《こうむ》った際に、中国政府と人民は皆、温かい同情を表し、人道主義的な救援活動や寄付を行なった。中国の宗教界も、これらの活動に積極的に参加した。「中国宗教者和平委員会」は、「世界宗教者平和会議日本委員会」（WCRP Japan）に電報を送って慰問をし、中国道教協会・中国仏教協会などの宗教団体は、日本の被災地の民衆のために、「超薦祈福法会」を挙行し、寄付金を提供した。これらは皆、宗教が人々の友好な感情を涵養するために行なった真実かつ有益な仕事である。

友人の皆様。

偉大な宗教は皆、人類が他人・他の民族・他国の人々と仲睦まじく暮らし、互いに平等に扱うように指導する教えを具え持っている。そして、宗教間の衝突や他民族殺害の煽動《せんどう》、文化差別や文化対立の鼓吹、民族紛争・国家分裂・イデオロギーの対立を挑発する言行は、いずれも宗教的な知恵に背くものである。道教は、中国本土の宗教として、これまで既に二千余年の歴史を持っている。道教は、和睦を追求する。老子は「知和曰常、知常曰明」を提示し、荘子は「太和万物」を提起した。「天下安平」の追求は、正に道教が説いている太平の理想である。道教は、万物に対する「利而不害」（利して而《しか》して害せず）を強調しており、私たちが「利而不害」をすることができたならば、「与天地合其徳」（天地とその徳を合する）ことができる。換言すれば、人と人との間及び国家と国家との間は、互いに尊重し、相互に理解してはじめて、仲睦まじく共存することができるのである。

われわれ宗教者は、信徒の群れを教化し、宗教教育を展開すべきであり、平和の理念が人々の精神に根を下ろすことができるようにし、心からの平和を構築しなければならない。これと同時に、他の宗教との交流の強化や理解の増進は、摩擦の解消や平和の維持のための有効な手段である。われわれ宗教者は、これらを積極的に提唱し、かつ実行しなければならない。交流は、精神的なコミュニケーションを可能にする。人々の精神が相通じて感情が好《よ》くなった際に、はじめて平和な生活が可能となるのである。宗教は、人々が心の扉を開き、コミュニケーションを保ち、対話を展開し、極端な思想を避けるように導くことができる。摩擦が生じた際にコミュニケーションがなければ、もっと大きな問題が作り出される可能性がある。コミュニケーションを行なえば、その場では問題が解決できないかもしれないが、少なくとも問題をコントロールすることができるのである。今回のセミナーは、民間レベルにおけるコミュニケーションとして有意義な実践ということができる。

中国は「和」を重んじる国である。「和」は、最高の価値として中国の歴史を通して内に秘められている。これに基づいて、中国は、平和的な発展の道を歩むことを堅持し、独立・自主の平和的な外交政策を遵奉し、持続的な平和の建設に力を尽くしている。中国道教協会は、現在、今年の一〇月に開催される第二期国際道教論壇を準備している。そのテーマは、「尊道貴徳、和諧共生」(道を尊び徳を貴び、仲睦まじく共生する)である。中国の仏教界が発起した「世界仏教論壇」も、既に二回にわたって開催されており、和睦な世界についてのテーマをめぐって議論が展開されている。中国宗教者和平委員会は、中国唯一の全国レベルにおける超宗教的な平和組織で、中国仏教・道教・イスラーム・天主教(カトリック)・キリスト教(プロテスタント)の指導者と代表的な関係者を集め、「友好・平和・発展・協力」の原則に基づいて、各国の宗教界及び世界的・地域的な宗教平和組織との交流と協力を積極的に展開している。国内においては、「中国宗教者和平委員会」は、毎年、全体会議を開催しなければならず、中国各地から宗教を異にする百余名の委員が一堂に会し、友情を交わし、経験を分かち合い、宗教の和睦を促進させている。「中国宗教者和平委員会」の呼び掛けの下で、中国宗教界は、毎年、世界の平和のために祈禱活動を挙行している。この間、中国道教協会は抗日戦争及び世界反ファシスト戦争の勝利六六周年を記念する法会を挙行した。昨年（二〇一〇年）の一月、「中国宗教者和平委員会」は、五大宗教の代表者による台湾地域での交流会（初回）を組織し、宗教はどうすれば積極的な役割を発揮して社会に貢献でき、またどうすれば海峡両岸関係の平和的な発展に貢献できるのかなどの問題につき、座談会を行なって共通の認識を増進させた。国際的には、「中国宗教者和平委員会」は、他の国の超宗教的な組織と交流を展開し、相互理解を増進させ、友好を促進させている。現在、「中国宗教者和平委員会」は、既に「韓国宗教人平和会議」や「英国宗教者平和会議」と交流体制を樹立し、相互訪問を展開している。今年（二〇一一年）、「中国宗教者和平委員会」は、「世界宗教者平和会議」本部及び「米国宗教者平和会議」並びに「カナダ宗教者平和会議」を訪問し、さらに踏み込んだ友好的な交流を展開するために、コミュニケーション及び協議を深化させた。

同僚の皆様、友人の皆様。

本日、主催者側がこのような国際セミナーを開催し、中・韓・日の宗教界・学術界の指導者をこの場に招聘し、まさに東北アジアの人々が主体となって平和を追求する願望を体現している。われわれは、互いに一層理解・協力し、各自の異なる宗教の言語を以て、信仰を持つ人々に対し、われわれの平和の理念を実践するように呼び掛け、また信仰を持つ人々を通じて、社会各界各層の人々を感化し、また彼らに影響を与え、すべての人の力を団結し、交流を強化し、理解を増進し、信任を確立し、東北アジアの平和と安定そして発展のために、倦まずたゆまず努力する必要がある。

最後に、人類の善隣友好のために、皆が家族のように親しくなるように、戦争が永遠に起こらないように、太平繁栄を共に享受し、和睦安寧を永久に保つことができるように、一緒に祈りましょう。

有難うございました。

(翻訳・金永完)

張継禹「歴史の直視と平和の構築」を読んで

金　道公

東北アジアの未来と宗教の役割について探求・議論を行なう意味深い場にお招きいただき、また、中国宗教者和平委員会の張継禹副主席の発表文について論評できることを光栄に思っている。このセミナーの主催者に謝意を表す。

韓国・中国・日本は、相通ずる文化を持っている隣国である。互いに友好的に協力し、文化交流を行なってきた数多くの歴史上の事例がある。しかし、このような多くの文化交流を行ない、相互に影響を与え合っているにもかかわらず、緊張感が漂っているのも否めない事実である。よく知られているように、これは、軍事的侵略の歴史があったためである。

発表者の張継禹先生も、侵略の歴史を反面教師にし、過去の歴史が東北アジアの前途において障害物になってはならないと力説している。また長い歴史を正しく見るためには、大きな勇気が必要であると述べている。歴史を正しく見つめ、その中から新しい教訓を得る民族は、尊敬され、信頼され、かつ許され得るであろうと指摘している。われわれは、過去の長い歴史を深く反省し、未来を直視することによって、東北アジアの平和に寄与できると述べている。

東北アジアの平和に宗教が寄与する道は、人類が、他人、他民族、他国の国民と調和を成し、平等に扱うことを教えることによって開かれる。宗教間の摩擦及び民族間の紛争を扇動し、異文化に対する差別的な態度や文明の対立を助長するのは、真の意味の宗教の教えではない。

張継禹先生は中国道教協会に所属されているが、道教は和合を追求する宗教としてよく知られている。道教の根本精神を成している老子や荘子の思想は、万物との調和を強調しており、これは結局、人と人との間や国家と国家との間における相互理解と調和を追求する思想なのである。

万物が互いに理解し、その理解に基づいて調和を成すためには、まず相互間の相違を認める必要がある。宗教は、このような調和を教えて世に普及しなければならない。

相互間の相違を認める思想の源泉としては、荘子の斉物論を挙げることができよう。荘子の斉物論の核心たる内容によれば、相対性に特徴づけられているこの世の中においては、如何なる事物も、それ自体には是非を判断できる「普遍の絶対的な基準」はなく、ひいては万物は一つ(斉物)であるということになる。これを万物に適用してみれば、万物の存在はそのまま肯定されるし、万物間には如何なる差別もないということを推察することができる。この意味を拡張すれば、世の中のすべての理論と思想（物論）は、それぞれその主張する内容は異なるものの、本来は一つであるという内容に自然に繋がるのである。

韓国仏教の偉大な思想家である元暁《がんぎょう》も、これに類似した主張を行なっている。元暁が修学し教化を行なった時期は、新羅が三国を統一した統一新羅の前後期で、長い戦乱によって民心が疲弊し、様々な葛藤が深化しつつあった時期である。当時、元暁は新羅社会における紛争と苦痛を如何に消滅させるかという問題で悩んでいたが、その問題を解決できる方法として導き出されたのが「和諍《わじょう》の思想」である。このような思想的・社会的葛藤の時代に生きていた元暁は、葛藤の解決方法を不断に模索したが、その解法として提示されたのが「和諍」の精神だったのである。元暁の和諍の思想は、『十門和諍論』だけではなく、彼の著述の全般にわたって謳われている。

近代における韓国仏教改革の過程で出現した円仏教も、「三同倫理」を唱えている。「三同倫理」とは、宗教間の和合、生命存在（生命を持つすべての存在）の間の和合並びにイデオロギーの間の和合を追求する精神であり、これらはそれぞれ、「同源道理」・「同気連契」・「同拓事業」という言葉で表現されている。円仏教のいう「三同倫理」は、荘子の「斉物論」や元暁の「和諍の思想」と、その思想的な脈絡を共にしている。

荘子の「斉物論」、元暁の「和諍の思想」、そして円仏教の「三同倫理」が、ただ単に思想や論理として存在するに過ぎないとすれば、何の意味もなかろう。われわれは、「斉物」の境地に入った人、「和諍」の論理や「三同倫理」に徹底した人にならなければならない。単なる考えや論理では、このような宗教的・思想的境地に達することができない。それに伴う修行の過程が、必ず必要なのである。私としては個人的には、このような修行の時間を持たなければならないと思っている。

しかし、個人的な修行の完成並びに思想的な成熟ばかりでは不十分である。各国は国家のレベルあるいは宗教のレベルにおいて、相生と調和の精神を教えるという具体的な作業を行なう必要がある。

過去の歴史を反省するために行なう相互間の交流を通じて、相互間の理解を図る事業を行なう必要もあり、未来の世代に調和の思想と論理・倫理を教えるという具体的な教育事業も行なわなければならない。中国・韓国・日本が互いに協力して、東北アジアの三国国民が互いに共感し共有できる普遍的な倫理を構築し、これを各国の国民に教育することも必要であると思われる。

このような過程を通じて、われわれは、東北アジアにおける文化的共同体を形成させ、新しい平和の文化を創っていくことができるであろう。われわれは、相互協力を通じ、各国の政治的な自主性と経済的な自立性、そして文化的アイデンティティが形成され得るように、連帯的

「相生」の構造を創り出さねばならないであろう。

二〇世紀における東北アジアの歴史は、物質的な成長と近代化の歴史であった。しかしその裏側には、抑圧と侵略の歴史がある。多くの対立的な構造は、今も癒されないままに残っている。東北アジアのある一国が、自国の力と思想を通じて三つの国を一つにしようとするならば、このような対立的な構造は絶対に癒されなくなる。三つの国が、それぞれの相違を認め、その相違点の中から調和を追求する時に、歴史は調和の文明を創り出すことができよう。

本日、調和の精神について説いて下さった張継禹先生の発表の内容に、全面的に共感する。東北アジアの平和のために、ひいては世界の平和のために、調和した新しい文明を創り出すことができるように、われわれ皆が実践の現場において共に実践することを期待する。

最後に、宗教者は本来の姿に戻り、個人的な成熟のために修行し、宗教的に一つになれるように祈り、過去の過ちを痛切に懺悔し、過去の記憶から離れるために赦し合う必要があると思われる。

（翻訳・金永完）

東アジア共同体の構築と宗教者の役割

——多様性の尊重に基づく共生アイデンティティの構築——

根本昌廣

一、多様性こそ共生の鍵

まず、本年三月一一日に発生した東日本大震災の被災者に対し、世界の宗教者、特に、中国、韓国および北朝鮮の宗教者の方々から寄せられました深い弔意と、多大なるご支援に対し、衷心より感謝申し上げます。この前例のない複合災害の結果、放射能はいとも簡単に国境を越えたばかりでなく、国境を越える人や物の移動にも非常に大きな影響を与えるというグローバルな脅威が発生しました。このような脅威に対し、ますます地球社会としての取り組みが重要になってきています。それ故に、今、地球共同体という文脈における東アジア共同体のテーマを論じることは大変時宜を得たものであると考えます。

もし、東アジア共同体の構築を真剣に模索し、私たち日本人がその構築において積極的な役割を果たそうとするのであれば、まず、隣国の友人たちからの信頼を取り戻さなければなりません。日本は前世紀において、私たちの隣国を侵略し、略奪し、植民地化を行いました。私たちは、歴史的に犯した加害的行為を真摯に清算しなければなりません。それ以外に、近隣諸国の人々から真の意味での信頼を回復する道はないのです。この意味においては、近代史の教育を適切に行うことが大切であると考えます。こうした信頼を回復する努力を続けると同時に、東アジアにおける多様な、宗教、民族、言語、文化というものの共生をいかに築き上げるかが、東アジア共同体構築の鍵となり、ひいては、地球共同体構築の鍵ともなるのではないでしょうか。

現実の世界には、私たち人間のいのち、生活、尊厳、そして安全を脅かす死活的かつ広範な脅威が蔓延しています。人為的脅威としては、国家間の戦争並びに武力紛争、民族紛争や内戦、テロ、貧困、環境や生態系の破壊、食糧危機等があげられます。自然の脅威としては地震、ハリケーン、台風、津波、洪水、竜巻などがあげられます。いかにそうした負の要因、脅威というものを取り除き、人々の安全を守るかという「人間の安全保障」のテーマは、国連を中心に世界的な取り組みが展開されていることは周知の事実です。WCRP（世界宗教者平和会議）においても、〝Human Security〟（人間の安全保障）という文脈で、〝shared security〟（共にすべてのいのちを守るために）の推進に取り組んでいます。

人間社会中心の視点から見れば、そうした人為的脅威の根底には、自分と他人、自宗教と他宗教、自民族と他民族、自国民と他国民、自文化と他文化等の互いに対峙するアイデンティティが存在すると考えます。すなわち、個人あるいは集団が異なるアイデンティティによって、脅威を与える側と与えられる側という形で存在し続ける限り、様々な脅威が、個人や集団を脅かし続けるのではないかという仮説です。

二、「人間の安全保障」に果たす宗教の役割

人間の安全に対する脅威の解消は、人間の安全保障を具現化していく上で不可避的な課題であり、実は、そこにこそ、宗教が果たす大切な役割が存在すると考えます。あらゆる宗教は、表現こそ違いますが、人に対する愛、隣人愛、兄弟愛、家族愛、そして敵をも愛することを説いています。仏教徒である私は、一元論的な仏教の教義、実践規範というものも、人類が人間の異なる集団アイデンティティの枠組みと、それへの執着を超えて、多様性を尊重、祝福し、共通のアイデンティティの下に共生し得る可能性を提示できるのではないかと考えています。その裏づけとなるのが「仏性」、「一乗」、「無我」という思想です。まず、「仏性」とは、仏になる可能性のことです。すべての人間は仏性を等しく有している尊い存在であり、誰もが仏（理想の人間）になる可能性を有しているという点において平等であり、いかなる差別も存在しな

いという教えです。次に、「一乗」とは、仏さまが説かれる真実の教えはただ一つであり、それはすべての人々を救う目的のために説かれるというものです。最後に、「無我」の重要性です。まず「我」とは、日常的現実的自己、仏教でいう仏性に気づかない妄想・執着の我です。ブッダは、この「我」を超越し、真理すなわち仏と一体化した状態を「無我」と位置づけるのです。更に、「無我」は、「諸法無我」という視点において、一人一人は無限の連関性の中に生かされて生きる存在であり、何一つ他から孤立して存在できる「我」はないという教えです。

仏教も含め、宗教は、他のアイデンティティを否定することを強く戒めています。むしろ、異なるアイデンティティに基づく人や集団を受容し、尊重し、祝福することを可能にするのです。この、多様性の尊重、祝福がなければ、人類の共生の道は閉ざされてしまいます。多様性を尊重、祝福し、同時に神の子、仏の子、一般的な表現を用いれば、地球市民的な共通、共生のアイデンティティを大切にして生きるとき、多民族共生、多宗教・多文化共生による共同体の構築は可能となると信じます。アジアの一番の財産は、多様性、多文化です。すでに共生に基づく共同体の中で先達は生きてきているのだと考えます。その叡智は私たちにとって最も大切な財産なのです。私たち宗教者は、愛や慈悲に基づき、相互のいのちの尊厳性を尊重、礼拝する出会い、対話、交流を深め、深い信頼に根ざした友情を育む牽引役を神仏より委託されているのだと思うのです。

最後に一九九一年度、中国の陳凱歌《チェンカイコー》監督による映画『人生は琴の弦のように』の中で、村人が二派に分裂して、大衝突した際に、盲目の老楽匠が、琴を弾きつつ歌った歌を紹介して私の発表を終わります。

汝らも人　我らも人　彼らも人
人はいつになれば　人になれるのだろう
人は恨み　憎み　疑い　騙し　歎き
人は笑い　捨て　人が人でなくなる
もはや人ではない　人を殴り　悲しませ
嘆かせ　傷つけ　泣かせ　怒らせ
怒れば　また人を殴る
人はいつになれば　人になれるのだろう
人は　人を愛し　人を敬い
人に手を貸して　救い上げ
人に先を譲って　手をさしのべる
友人も人であり　敵でも同じ人だ

人は　人を恨まず　人は　人らしく
天地の間に　両足を踏みしめて
一人の人間が立つ　それが人だ
それこそが　人だ

（刈間文俊訳。花崎皋平著『増補アイデンティティと共生の哲学』平凡社ライブラリー、二〇〇一年刊所収）

合掌

東アジア平和のための天道教の立場

呉　文煥

天道教の前身である東学は、一八九四年、日本の侵略主義に対抗して東学革命を起こし、天道教は一九一九年三月、日本帝国主義からの独立運動を主導した。天道教は、如何なる形の侵略主義にも反対するということを、歴史を通じて世に知らせた。このような天道教の立場から、東アジアの平和のための三つの提案を行ないたい。

第一に、人間関係だけではなく国際関係においても信頼性が崩れてしまえば、一歩も前に進むことができなくなるわけで、天道教では「凡そ世の中の人道の中では、信義が肝心要である」と説いている。邪心は亡の根源である、と説かれているのである。東北アジアが平和になるためには、何よりも互いに信頼できるような「真正性」（真正さ、真実さ）がなければならない。真実な心があって初めて、忘れられない戦争の痛みまでも癒される道が開かれ得ると思う。こうして初めて、中国の発表者張継禹副会長のおっしゃる「和」を実現することが可能となろう。

東北アジアの宗教伝統には、このような真実な心を強調する「心学」があるので、宗教指導者たちはこのような心を養うことを以て、東北アジアの「和解」と「平和」の礎石にすることができるであろう。

天道教では、「人はまさに天である」（人乃天）と説いている。この言葉には様々な意味があるが、なかんずく、人を性別・年齢・肌色・身分・階級・国籍・文明圏などによって差別せずに同等に扱い、また人を特定の宗教的ドグマや政治的イデオロギーの奴隷にせず、天と同じように尊厳で、自由で、平等な主体として扱う、という意味が宿されている。従って天道教は、人間意識の無限の拡張を塞いでいる現代社会の種々様々な、歪曲され、間違えられ、偏狭な諸制度や諸観念を克服し得る様々な次元における自由かつ平等な意思疎通を重視している。また日一日と深刻になりつつある利益の対立、価値観の対立、人種紛争、国際紛争、文明の衝突などといった対立的な構造は、互いに協同し合い連帯し合うことによって、「開闢《かいびゃく》」（世界の始まりの時）という真新しい次元に進入することができると思われる。こうなると、「他人と吾は同じ同胞」（人吾同胞）となり、「自然の事物と吾もまた同じ同胞」（物吾同胞）となるであろう。

第二に、隣と吾を一つの同胞と見なせば、戦争は止められ平和が到来するであろう。隣同士はおろか、同じ同胞同士でさらに一層凄絶な喧嘩をしているのが、目下の現実である。天道教の「人吾同胞」は、肉眼で現実を見つめる次元のものではなく、新たに開かれた「性霊」（魂、精神）の目を通じて見られる実像である。ありのままの実像を見ることができる霊眼、または心眼が開かれなければならない。

天道教では、人は、肉親の胞衣《えな》（胎児を包んでいた胎盤など）によって生まれるだけではなく、天地または理気（理は宇宙や万物の本体、気はその現象をいう）の胞衣によっても生まれるものであるとされている。肉親から見れば、隣と吾は別個の存在であるが、天地理気を父母と見なせば、隣は吾と同じ胞衣によって生まれた同胞である。人は誰でも、天地理気を根本本体として生まれると考えるからである。このような根本実像をきちんと見ることができるように開眼させるのが、宗教者に委ねられた役割であろう。「人吾同胞」の視覚から見れば、近代的な国民国家の観念は偏狭な理念である。さらに、他の民族や国家を侵略するのは、偏狭性に由来する悪であると言わざるを得ない。このような悪い考えを「抜本塞源」（根本の原因を取り除き、再び弊害が起こらないようにすること）せずには善い心を回復することができないように、侵略主義という悪の根を絶って、新しく生まれ変わらない限り、東北アジアにおける平和は、単に政治的なスローガンに留まるであろう。

第三に、環境・生態系の重要性が分かれば、すべてのものを見直すことのできる心眼の開闢の必要性は、一層切実に感ずることができる。人と人との間における平和だけでは十分ではない。生態系の破滅は、地球上のすべての生命体を脅かすからである。自然事物も、吾と同じように、天地理気を父母とする同じ同胞であるという心を持って初めて、生態系の破壊は止められるであろう。同じ同胞であるということが分かるようになれば、生態系を破壊することは、まさに自分自身を破壊する行為であるということを、感じることができるためである。しかし、今日、現代文明の大疾走は、誰も止めることができず、また誰もその方向を変えることすらできないという悲観主義が蔓延しているようである。しかし、「物吾同胞」を実感し、自然事物も吾と同じ同胞として扱う価値観や生活様式、そして社会・経済・政治制度などを確立することができれば、絶望を希望に変えることができるであろう。

天道教では、人が本来の心を回復すれば、隣人も吾の身体で感じ、また自然も吾の身体で感じ、共に一つの同胞として幸せに暮らすことができると見ている。このような心は遥か遠くにあるのではなく、誰もが持っているものであるため、心を確実に変えれば、心の平和が得られ、解決し得ないように見える現代文明のすべての危機を克服でき、人類を幸福への道に導くことができるのである。

（翻訳・金永完）

全体会議への論評

平和的な歴史認識の共有と宗教者のアジェンダ

金　鍾洙

このような貴重な場で論評を行なうことができ、まことに光栄に思っている。まず、眞田芳憲先生が「東アジア共同体の構築と宗教者の役割」と題した基調講演の中で、東アジア共同体の構築への道について言及された部分が、私の胸に響いている。東アジア共同体の構築のための政府間の努力を認めるにしても、依然として「猜疑心と不信感がある」という指摘には、心を動かされるほど共感できる。また、このような国家の努力の限界を克服するために、NGOやNPOが活躍しているが、こうした一連の活動の中で「心の信頼」を醸成しなければならないという指摘にも、大いに共感する次第である。そして、この「心の信頼」を構築するための課題として「敵意」を除去すべきであり、「希望」を生成する課題としては、自分から始める様々な関係の中に平和を保たなければならないと指摘されている。極めて適切な指摘であると思われる。

ただし、ここで私は、「敵意」についての所見を披瀝したいと思う。まず、国家間・民族間の「敵意」は、個々人から始まるものではないということは、過去における数多くの歴史の中で確認されている。即ち、国家間・民族間の敵意は、互いに異なる国民や民族の間で自然に生成したのではなく、権力者による国家権力の行使や国家間の戦争を通じて、あるいは自国の経済的な状況を改善しようとする時に見られる。すなわち、政治権力が意図的に「敵意」を生成させ、醸成してきたのである。

例えば、一九二三年、日本の関東地方で発生した朝鮮人虐殺事件は、日本人に植えつけられた「不逞鮮人」という敵意がもたらした結果である。当時、日本が大震災による不安定な状況を打開していくために、意図的に「朝鮮人が内乱を起こしている」という流言飛語を流布することによって、すべての日本人に敵意を抱くようにしたのである。国家が危機に陥る度に、国民のアイデンティティを国家や民族というものに閉鎖的に閉じ込め、それを刺激することによって、敵意を抱かせるわけである。それまで食べ物を分かち合っていた隣人を、残忍な虐殺者に変えてしまう権力者たちの巧妙な術数なのである。このように、善人を悪人に変えてしまう敵意は、軍国主義の国家権力に始まるということを、洞察する必要がある。最初から残酷な民族は、どこにあるのであろうか。

次に、「心の信頼」を構築するための希望は、常に存在しており、またわれわれはその希望通りに生きてきたと思う。敵意を抱いている一部の人を除いて、多くの人は互いに会って会話をし、交流を深めている。ここで最も重要な希望の種があるが、それは「第三セッション」においてて張継禹副主席が言及した内容に明らかにされている。それは、「歴史を直視し、それを正しく理解し受け止めて、どんな歪曲・隠蔽・美化も止揚しなければならない」という内容である。張副主席の指摘は、極めて根本的な指摘である。韓・中・日の未来の平和は、歴史を正しく直視しなければならず、またその歴史が平和に向かって進み出る道における障害物になってはならないであろう。それを取り除くためには、何よりも、反平和的な歴史に対する韓・中・日の共通認識が先立たねばならない。そうして初めて、東アジア平和共同体の構築のための踏み台が設けられると信じている。

「第二セッション」において山本俊正先生は、「臭い物には蓋をする」「過去は水に流す」と指摘されている。私はこれに共感しながらも、余りにもこれを普遍化させているのではないかと思う。韓国と深く交流を行なっている日本人の中には、韓国人よりも日本の植民地支配に対して真摯に分析し、かつ謝罪する人も多く存在する。もちろん、これは私の個人的な経験を一般化しているので間違えているかもしれないが、「臭い物には蓋をし」「覚えたくない過去は水に流してしまう」主体を、大多数の日本人であると一般化するのには無理があると思われる。「彼ら」とは一体誰なのかを明確に定義する必要があると思われる。果たしてどのような人々が、複雑にもつれている歴史認識を reset（組み直す）しようとしているのかを明らかにしなければ、すべての日本人が希釈され（水割りにされ）、その結果、「匂い」を生じさせた張本人や覚えたくない過去を造り出した張本人たちは、一般の人々の中に隠されてしまうからである。

山本俊正牧師の「日本の宗教者も東アジアにおける日本による加害の歴史を直視しなければならない」という指摘は、胸の深いところにおいて響いているということを告白したい。これは、宗教者の役割であると思う。「私のせいである」と告白するのは、宗教者であればこそできることである。宗教者が率先して歴史と向き合い、「私のせいである」と告白し、その告白の力で国家を動かすようにしなければならないであろう。

ナチの宣伝相であったヨーゼフ・ゲッベルス（Paul Joseph Goebbels）は、「大衆は、嘘を最初は否定し、疑うが、繰り返すと最終的には信じるようになる。言論は、政府が演奏するピアノにならなければならない」と述べた。権力者たちは、嘘を上手に作り出す。そして言論を通じて、まるで事実のように信じ込ませる。「嘘も繰り返せば真実になる」と信じる人も多いからである。

しかし、今や、宗教者が前に出なければならない。何よりも、日本軍国主義権力が展開した関東コリアンジェノサイド（一九二三年）と南京ジェノサイド（一九三七年）という最も残忍で、蓋をしてはならない虐殺の罪に対する歴史的真実がある。宗教者は、韓・中・日平和共同体が一歩踏み出せるように、前に出て、日本がこの歴史の真実に向き合うように促さなければならない。軍国主義の下で仕出かしたことを、単に「臭いから蓋をする」とか、「過去は水に流してしまう」のは、犯罪を再三再四続けて恣行《しこう》する（思いのままに行なう）ことに等しいということを分からせなければならない。さらに、次の世代が歪曲された真実を知り、加害の歴史を被害の歴史として受け入れてしまわないようにするべきであると思われる。それは、いつか軍国主義勢力が権力を行使しようとする際に、再び利用されてしまう可能性があるからである。

宗教者は、宗教教育を通じて心の中に平和を成し遂げ、平和の理念を維持し、交流を強化させ、対立的な構図に終焉を告げるように、積極的に実践に移さねばならないという張継禹副主席の指摘には深く共感する。平和を成し遂げるための努力は、長い歳月を通じて持続的に傾けなければならず、何よりも次の世代が具体的に実践できるようにしてはじめて、良い評価を得ることができるのである。そのためには、個々人の実践に基づいて、目に見えない対立的な構図をよく理解し、その上で、反平和的な構図を一つずつ除去していくためのアジェンダ（行動計画）を作るべきであろう。歴史の問題を含めた、生活全般にわたる体系的な論議を行なう必要がある。

一例を挙げれば、韓日強制併合一〇〇周年（二〇一〇年）を迎え、韓国と日本の歴史学界及びプロテスタント協議体の韓国教会協議会（ＮＣＣＫ）と日本キリスト教協議会（ＮＣＣＪ）は、韓日両国の平和のための教会の具体的なアジェンダを制定し、これを声明文として採択した。これには、共通の歴史観を以て日本帝国主義・軍国主義の下で恣行された植民地犯罪を共同で清算していくことを約束し、国家に対する責任を問い、市民や次の世代に正しい歴史の教育を実施するための具体的な内容が含まれている。韓・中・日の宗教者が共に共通の歴史観に立脚して次の世代に平和を教えることは、想像するだけでも嬉しくないはずがない。

最後に、皆様の発表でも言及された福島第一原子力発電所の事故に言及したいが、山本俊正牧師が発表で、韓国、中国、北朝鮮の人たちによる日本の罹災民たちに対する支援が成されるのを見ながら、まだ克服すべき課題が多くあるにもかかわらず、共に痛み合い、苦痛を分かち合おうとするその姿の中に、東アジア平和共同体の原型を見ようとしていた、その温かい視線に深く感動した。

だからといって、私は、東アジア平和の一環として、罹災民たちを助けることに留まるのではなく、原子力発電所による被曝者たちがこれ以上出てこないように、積極的に行動する必要があると思う。

即ち、私は、原発の問題に共同で対処すべく要請したい。日本の福島第一原子力発電所の爆発は、日本国の内部だけの問題ではなく、国境を越えて全世界にその影響が及ぶ大きな問題である。韓国においても、既に寿命を全うした原発を再稼動している。日本の佐賀県においても、寿命が尽きた発電所を再稼動しようとしている。中国の状況はどうであろうか。

政府は、いつも原発は安全であると述べている。自国の原発は、事故が発生した国のそれより安全であると述べている。しかし最近、フランスにおいても原発事故が発生した。いつ、どこで、どのような形で事故が起こるかは、誰にも予測できない。しかし事故が発生すれば、原発付近の村が被曝するだけに留まらないということを、われわれはよく知っている。

宗教者は、原子力発電をめぐって語られてきた偽りの神話という化けの皮を剝ぎ取らなければならない。「安全だ」「経済的だ」「環境にやさしい」と言い続けている政府の嘘に、国民が、これ以上騙されないようにしなければならない。

韓国・日本・中国は隣国であると同時に、いずれも隣接した地域において原発を稼動させている。この問題は、誰に委ねることもできないものであり、生命と平和のために存在している宗教者たちが率先して、国家や理念そして民族を超え、これ以上の被害が発生しないようにしなければならない。また日本の福島原発の被曝者たちが苦しんで余生を送らないように、子供たちと母親たちの平和のために、東アジアの宗教者は温かい心を持って、特別な措置を講じなければならないであろう。

（翻訳・金永完）

東アジア平和共同体の樹立と宗教者の役割

全　相直

一、東アジア平和共同体の樹立について

東アジア平和共同体は、韓・中・日三国を一つに結わえ、国家の利己性を超えた共同体の中で慎ましやかな一員になるように、これら諸国を成熟させる作業となろう。

しかし、われわれが括《くく》るべき対象国を探ってみると、「開いた口が塞がらない」という状況が見えてくる。中国、全く結わえられないように見える。日本、同様に容易に結わえられそうもない。韓国、真っ盛りにある（経済的にも文化的にもとんとん拍子で上昇している）が、同じである。これらの三つの国を括って一つにしたいというのが、平和共同体の樹立の問題である。

中国の故事を引用してみよう。

「磨斧作針」（斧を磨いて針と作《な》す）。斧を磨いて針を作るという物語である。幾久しく磨けば、

斧も針になり得るという老婆の話に、李太白は感動したと言われている。しかし、共同体を創るのはもっと難しい。斧は、幾久しく磨けば針になる。「斧を磨く」（磨斧）と「針が作られる」（作針）との間には因果関係があるから、持続的に努力すれば良いわけである。「磨斧」→「作針」という安定した因果律が存在しているためである。しかし、われわれ宗教者は、韓・中・日三国が一つの共同体として括られる際の因果関係を、未だに確保していない。

「愚公移山」（愚公山を移す）という故事がある。昔、愚公という九〇歳の老人がいた。彼は、家の前にある二つの山を削ってなくすために、三人の息子と孫たちを連れて、石を砕き土を掘って、簣《あじか》（土を運ぶのに用いる竹籠）で渤海まで運んで行って捨てたという。老人は、「わしが死ねば息子がやり、息子は孫を生み、孫はまた子供を……。こうして子々孫々やり続けていけば、いつかはあの二つの山は平たくなる日が来るだろう」と言った。この言葉を聞いて、山を守る蛇神は、山がなくなると困ると思って、玉皇上帝に訴えた。すると、愚公の根気に感動した玉皇上帝は、二人の息子をして、山を背負って他の場所に移して置かせたという。上帝が「感動」したからこそ、山は他の場所に移されたということができる。

本日、この場において、平和共同体を創るために、発表や討論を行なっておられる韓・中・日三国の代表者の皆様は、「磨斧作針」の物語における斧を磨く老婆よりも深くて厚い信念を持っておられ、また「愚公移山」の物語における愚公よりももっと大きな夢を持っていらっしゃる、いわゆるとても偉大な方々である。

二、共同体の原理についての小考

眞田芳憲先生は、平和共同体の構築に対する最初の挑戦として、平和共同体のアイデンティティになり得る普遍的な共通倫理を創り出すべきであるとおっしゃった。これを聞きながら、私には、儒教経典の一つの『大学』の中にある一句が思い出された。

『大学』は、共同体に対し、「修身—斉家—治国—平天下」を提案している。共同体の階層を「身—家—国—天下」に分け、それぞれの共同体に相応しい共同体の原理として「修—斉—治—平」を提案しているのである。

『大学』の執筆当時の状況では、今日の国家に該当する「天下」が最上位の共同体の概念であったため、「身—家—国」に階層化し、原理は「修—斉—治」に順次化した。

しかし多国家時代の現代においては、単一国家の「天子国」の立場で設定した階層と順次は、いずれも再編されねばならない。ある「天子国」の考える「身家国」とは異なる他の国の「身家国」もあるということを認識し、それを尊重しなければならず、「天子国」が設定していた「修斉治」とは異なる形の「修斉治」の存在をも尊重しなければならない。

ただし、共同体のすべての階層、つまり「身家国天下」のすべてが活性化する原理として、新たに作成される「修斉治平」こそ、われわれのいう共同体の原理となると言えよう。そのために、われわれはまず、「修斉治平」を「一以貫之」（一理を以て万事を貫くこと）とするパラダイム（思考や認識の枠組み）を、われわれ自ら確保しなければならない。そのパラダイムに立ってはじめて、われわれは共同体の原理を創り出すことができよう。

儒教の『大学』が提案している教えは、仏教にも、道教にも、イスラームにもあるであろう。特にカトリックの社会問題に関連する教理は、ずっと以前に世界的に通ずるパラダイムを提案した。円仏教における少太山（円仏教の開祖朴重彬。一八九一―一九四三年）の最初の法語も、まさに『大学』の「修斉治平」を新たに解釈した内容のものであった。このようなパラダイムをわれわれ皆が共有し、共同体に対する同一のヴィジョンとして確保できれば、そのパラダイムは共同体の原理を創り出すための根拠となるだけではなく、共同体の構築を推進させる動力にもなろう。

三、東アジア共同体の扉を開く

韓国には、俗離山《ソンニサン》という山がある。ソウルから車で約一時間半離れたところにある。この山が俗離山と名づけられた契機は、孤雲崔致遠（八五七―没年不詳）の詩一首にある。

道不遠人　人遠道（道は人を遠ざけないのに、人は道を遠ざけようとし、）
山非離俗　俗離山（山は俗世を離れないのに、俗世は山を離れようとする）

東アジア共同体は、われわれを呼んでいる。われわれが東アジア共同体を遠ざけようとしない限り、近づいて行けば行くほど、東アジア共同体は扉を開いてくれるであろう。われわれが創ろうとすればするほど、それに合った形で共同体は創られるであろう。

素晴らしい発表や討論を行なって下さった先生方に、心から感謝のご挨拶を申し上げる。斧を磨いて針を作ることよりも、一層難しい仕事をしているわれわれ皆に、愚公が山を移すことよりももっと力を要する仕事を行なっているわれわれ皆に、お互いがお互いに大きな拍手を送るよう提案する。

（翻訳・金永完）

【組織および監修者紹介】

韓国宗教平和国際事業団
（The International Peace Corps of Religions：IPCR）

韓国宗教平和国際事業団（IPCR）は、世界宗教者平和会議（WCRP）の韓国委員会である韓国宗教人平和会議（KCRP）内にある、平和活動を行なうための法人。

世界宗教者平和会議日本委員会
（World Conference of Religions for Peace Japan：WCRP Japan）

世界宗教者平和会議（WCRP、また Religions for Peace とも略称する）とは、1970年に設立された宗教者による国際組織。国連経済社会理事会に属し、総合協議資格を有する非政府組織（NGO）である。その理念は、世界の宗教者が手を取り合い、世界の人々が民族・伝統・考え方・意見等々あらゆるものの違いを認め合い、尊重しながら、平和に生きていける社会を実現しようとするというものである。現在 WCRP には、国際委員会をニューヨークに、さらに約80カ国に国内委員会があり、宗教や宗派を超えて平和実現のために協力する世界的なネットワークが構築されている。
日本における国内委員会が「WCRP 日本委員会」（東京）である。同委員会は、1972年に財団法人日本宗教連盟の国際問題委員会を母体として発足した。その具体的な活動は、国内のみならずアジア地域において、紛争地の難民支援・人権活動の支援・紛争和解の支援・紛争後の教育や開発の支援・自然災害時の緊急支援等々を行なっている。また、国連やユニセフなどの国際機関との協力体制づくりを進めるとともに、WCRP 国際委員会と連携しつつ独自の平和活動を展開して今日に至る。

山本俊正（やまもと・としまさ）

1952年（昭和27年）、東京都に生まれる。立教大学法学部卒業。関西学院大学商学部教授および宗教主事、日本基督教団ロゴス教会主任牧師等を務める。東京ＹＭＣＡ主事を経て米国カリフォルニア州バークレー太平洋神学校に留学、ハワイ州ハリス合同メソジスト教会の副牧師、日本キリスト教協議会（NCC）総幹事を歴任。著書に『アジア・エキュメニカル運動史』（新教出版社）等があるほか、論文が多数ある。

柳　浄拮（韓国）
RYOO Jung-Gil（リュウ・ジュンギ）
浄土会（Eco-Buddha）共同代表。平和財団（The Peace Foundation）企画委員。中央学術研究所特別研究員。

張　継禹（中国）
ZHANG Jiyu（ザン・ジユ）
中国宗教者和平委員会（CCRP）副主席。中国道教協会副会長。

金　道公（韓国）
KIM Do-Gong（キム・ドゴン）
韓国円光大学仏教学科教授。円仏教教務。哲学博士。

根本昌廣（日本）
NEMOTO Masahiro
立正佼成会総務局外務部長。世界宗教者平和会議（WCRP）日本委員会評議員。元国連難民高等弁務官事務所（UNHCR）本部職員。

呉　文煥（韓国）
OH Moon-Hwan（オウ・ムンワン）
韓国西江大学講師。政治学博士。韓国政治哲学専攻。

金　鍾洙（韓国）
KIM Jong-Su（キム・ジョンス）
韓国キリスト教長老会所属生命宣教連帯国際協力委員長。日本NPO法人Ahimna Peace Builders（APB）理事。「1923韓日在日市民連帯」韓国常任代表。

全　相直（韓国）
CHUN Sang-Jik（チュン・サンジク）
韓国宗教平和国際事業団（IPCR）理事。金剛新聞編集委員。社団法人韓国自治学会会長。

【執筆者紹介】（掲載順）

金　喜中（韓国）
KIM Hee-Joong（キム・ヒジョン）
韓国宗教人平和会議（KCRP）代表会長。韓国宗教平和国際事業団（ＩＰＣＲ）理事長。

庭野日鑛（日本）
NIWANO Nichikou
立正佼成会会長。世界宗教者平和会議（WCRP）日本委員会理事長。

金　星坤（韓国）
KIM Sung-Gon（キム・ソンゴン）
アジア宗教者平和会議（ACRP）事務総長。宗教平和国際事業団（IPCR）所長。韓国国会議員。

眞田芳憲（日本）
SANADA Yoshiaki
中央大学名誉教授。中国政法大学比較法研究所客員教授（終身）。世界宗教者平和会議（WCRP）日本委員会平和研究所所長。

金　永完（韓国）
KIM Young-Wan（キム・ヨアン）
中国山東大学法学院副教授。法学博士。中央学術研究所特別研究員。

李　相俊（韓国）
Alex LEE Sang-Joon（アレックス・リー・サンジョン）
韓国希望財団（The Korea Hope Foundation）理事。国際学博士。

樋口美作（日本）
HIGUCHI Mimasaka
日本ムスリム協会理事。世界宗教者平和会議（WCRP）日本委員会監事。早稲田大学イスラーム科学研究所客員研究員。

陳　景善（中国）
CHEN Jingshan（チェン・ジンシャン）
中国政法大学民商経済法学院副教授。

山本俊正（日本）
YAMAMOTO Toshimasa
関西学院大学商学部教授兼宗教主事。日本基督教団ロゴス教会主任牧師。

石川清哲（日本）
ISHIKAWA Seitetsu
本門法華宗蓮静寺修徒、清川寺副住職。世界宗教者平和会議（WCRP）日本委員会青年部会幹事。

白　承権（韓国）
BAEK Seung-Gwon（ベク・スンゴン）
韓国曹渓宗和諍委員会事務局長。

于　莹（中国）
YU Ying（ユ・イン）
中国吉林大学法学院教授。法学博士。

陳　晟秀（韓国）
CHIN Sung-Su（チン・スンス）
韓国成均館大学儒学大学院教授兼同大学東アジア学術院儒教文化研究所責任研究員。韓国東洋哲学研究会渉外理事。韓国陽明学会学術理事。

東アジア平和共同体の構築と
宗教の役割
――「IPCR 国際セミナー 2011」からの提言

2012 年 5 月 30 日　初版第 1 刷発行

著　　者　韓国社会法人宗教平和国際事業団
　　　　　公益財団法人世界宗教者平和会議日本委員会
監 修 者　山本俊正
編集責任　中央学術研究所
発 行 者　岡部守恭
発 行 所　株式会社佼成出版社
　　　　　〒 166-8535　東京都杉並区和田 2-7-1
　　　　　電話（03）5385-2317（編集）
　　　　　　　（03）5385-2323（販売）
　　　　　http://www.kosei-shuppan.co.jp/
印 刷 所　錦明印刷株式会社
製 本 所　錦明印刷株式会社

ISBN978-4-333-02544-2　C0214

「アーユスの森新書」の刊行にあたって

アーユスとはサンスクリット語で「いのち」「生命」などを意味する言葉です。「アーユスの森」という言葉には、大自然の森に生かされて生きている人間の原風景があります。いのち溢れる土壌のもとに、森の多種多様な生き物の「いのちの呼応」が、豊かないのちの森の絨毯を織りなしています。

「アーユスの森新書」では、あらゆるものの中に潜むいのちを見つめ、私たち「生きとし生けるもの」がどのように自分のいのちを燃やしていけばよいのか、を問いかけていきます。そのために身近な出来事を含め生老病死の問題とどう向き合って生きていくか、という個人の生き方から、現代世界、現代社会が直面しているグローバルな諸問題まで、仏教学者や宗教学者など専門家だけではなく「いのちの森に共に生きる」さまざまな立場から取り上げます。

読者も専門家も「いのち」の大切さや不思議さを共に感じ、考え、生きていることを味わえる場にしていきたい。そして、青少年・学生・一般読者の皆様と共に生きる「アーユスの森新書」でありたいと願っています。

中央学術研究所は、これからも各専門分野の研究に取り組むだけではなく、その成果を少しでも多くの方と分かち合うことにより、よりよき社会・世界の平和へと微力ながら尽くして参ります。

中央学術研究所

（二〇一〇年五月改訂）